Otto Grautoff

Lübeck
Geschichte der Stadt, der Kultur und der Künste bis zum Ende des 19. Jahrhunderts

Grautoff, Otto: Lübeck. Geschichte der Stadt, der Kultur und der Künste bis zum Ende des 19. Jahrhunderts
Hamburg, SEVERUS Verlag 2012
Nachdruck der Originalausgabe von 1908

ISBN: 978-3-86347-338-9
Druck: SEVERUS Verlag, Hamburg, 2012

Der SEVERUS Verlag ist ein Imprint der Diplomica Verlag GmbH.

Bibliografische Information der Deutschen Nationalbibliothek:
Die Deutsche Nationalbibliothek verzeichnet diese Publikation in der Deutschen Nationalbibliografie; detaillierte bibliografische Daten sind im Internet über http://dnb.d-nb.de abrufbar.

© **SEVERUS Verlag**
http://www.severus-verlag.de, Hamburg 2012
Printed in Germany
Alle Rechte vorbehalten.
Der SEVERUS Verlag übernimmt keine juristische Verantwortung oder irgendeine Haftung für evtl. fehlerhafte Angaben und deren Folgen.

seVerus

Lübeck

Von

Otto Grautoff

Buchschmuck
von Fidus

Lübeck

Nach einem Gemälde
von Marie Slavona

An Frau Julia Loehr geb. Mann
in München.

Gnädige Frau,
als ich gebeten wurde, ein Buch über Lübeck zu schreiben, und einmal wieder die Stätten meiner frühesten Jugend aufsuchte, da wurden vor meinem Geiste von neuem die glücklichsten Stunden meiner Kindheit lebendig, die ich in Ihrem Elternhause verlebte. Das Band, das die Jugend knüpfte, hat sich im Leben bewährt. Ein freundliches Geschick hat mir erlaubt, auch in späteren Jahren in Ihrem Münchner Heim ein häufiger Gast sein zu dürfen; in mancher traulichen Unterhaltung gedachten wir dort der gemeinsamen Heimat. In diesem Büchlein habe ich nun gesagt, wie ich die Heimat sehe. Wenn Sie die Liebe herausfühlen werden, mit der ich die Heimat betrachtet habe, und den Willen, ihr zu helfen und sie zu fördern, so empfängt meine Arbeit den Lohn, nach dem sie strebte. In dieser Hoffnung bitte ich Sie, als Erinnerung an unsere gemeinsame Heimat und als Dankbarkeit für Ihre reiche Freundschaft die Widmung dieses Buches anzunehmen.

Otto Grautoff.

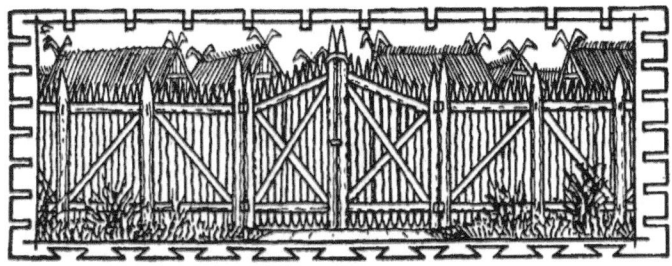

Die Geschichte der Stadt.

Von den drei Hansastädten Lübeck, Hamburg, Bremen ist Lübeck die jüngste Gründung. Allerdings ist es möglich, daß Lübeck oder Liubeke, wie der Name anfangs lautete, früher, als sich die Geschichte seiner Gründung zurückverfolgen läßt, ein befestigter Platz der Wenden gewesen ist, der in Friedenszeiten unbewohnt, in Kriegszeiten als Verteidigungsort der Wehrlosen und des beweglichen Besitzes galt. Vielleicht wurden vorher schon an dieser Stätte Jahrmärkte abgehalten, die das verstreut wohnende Volk in gewissen Zeitabständen vereinigten und dadurch Gelegenheit boten, die herzuströmenden heidnischen Kaufleute zum Christentum zu bekehren. Von der Gründung einer ständigen Ansiedelung aber, die den Namen Lübeck trug, erfahren wir erst im 11. Jahrhundert. Inmitten der slavischen Völkerschaften, die die Küsten der Ostsee bis an die Elbe und Eider bewohnten, wurde Lübeck an der Mündung des kleinen Flüßchens Schwartau in die Trave im Oldenburger Sprengel als befestigter Ort von den Wenden gegründet. Fürst Heinrich der Stolze nahm an der jungen Ansiedelung reges Interesse; infolgedessen blühte sie rasch empor. Die bescheidenen, kleinen Holz- und Palissadenhäuschen mehrten sich in kurzer

Die Geschichte der Stadt

Zeit und bald wurde unter Heinrichs fürstlichem Schutz eine Kirche errichtet, in der Priester den Gottesdienst versahen und für die Ausbreitung des Christentums wirkten. Doch es erwies sich bald, daß diese neue Gründung zu schwach, nach allen Seiten zu offen und zu weit gegen die nördlichen Heidenvölker vorgeschoben war. Der heidnische Fürst Kruto plagte die Stadt mit fortgesetzten Überfällen. Wenn er selbst auch in einem solchen Angriff auf Lübeck fiel, so gelang es doch kurze Zeit darauf seinem Nachfahren Raze, die junge Ansiedelung vollständig zu zerstören.

Alt-Lübeck wurde nicht wieder aufgebaut. Jahre gingen dahin. Erst als im Jahre 1142 Heinrichs des Stolzen Sohn, Heinrich der Löwe, als Herzog von Sachsen, Heinrich von Lendewide als Graf von Ratzeburg und Adolf II. als Graf von Holstein bestätigt wurden und das Land um die Travemündung herum dem Grafen von Holstein zufiel, wurde Lübeck von neuem gegründet. Adolf II. erkannte die geographische Bedeutung dieses innersten Winkels der Ostsee für Handel und Kriegszwecke und dachte daran, die zerstörte Ansiedelung wieder aufzubauen. Aber sein Plan ging von vornherein dahin, die Ansiedelung fester und sicherer zu gründen, damit sie den zu befürchtenden Anstürmen der Heidenvölker besser Widerstand leisten konnte. Diese Absichten waren auf dem flachen Gebiet Alt-Lübecks schwer durchzusetzen. So entschloß sich der Herzog, auf dem nahegelegenen Hügel Buku, am Zusammenfluß der Wackenitz und Trave, wo früher eine Burg Krutos gestanden hatte, die Ansiedelung zu gründen. Das war im Jahre 1143. Aus Flandern, Holland, Westfalen und Friesland warb Herzog Adolf zahlreiche Ansiedler

Die Geschichte der Stadt

an, die im Verein mit den Holsten und Stormarn das durch die Kriegszüge der letzten Jahre verwüstete Land Wagrien aufs neue wieder bebauen sollten. Unter dem Schutze der Burg ließen sich viele auf dem Hügel Buku nieder. Adolf II. nannte diese Siedelung, die rasch zur Stadt wuchs, Lübeck, „weil sie", wie es in der lateinischen Slavenchronik des Mönches Helmold heißt, „nicht weit entfernt lag von dem alten Hafen und der Stadt, die einst Heinrich der Stolze gegründet hatte". Es währte nicht lange; und auch diese neue Gründung wurde von den Heiden bedroht und angegriffen. Unter der Führung des Abodritenfürsten Niklot fuhr eine Flotte die Trave hinauf und griff die Stadt an. Dreihundert Einwohner wurden in diesem Kampfe getötet und der größte Teil der erst frisch erbauten Holzhäuser eingeäschert. Graf Adolf zog mit einem Heere heran, die Stadt zu befreien und gegen die Heiden zu schützen. Es gelang ihm, die Heiden zu vertreiben und eine nicht geringe Anzahl zum Christentum zu bekehren. Durch die Fortschritte des Christentums wurde der Friede gesichert. „Und es ward Friede im Lande Wagrien, und durch Gottes Gnade gedieh allmählich die neue Pflanzung. Auch der Markt Lübeck wuchs von Tag zu Tag, und es mehrten sich die Schiffe seiner Kaufleute," schreibt Helmold. Dieses rasche und gesunde Aufblühen der Stadt erregte Herzog Heinrichs Eifersucht; Lübecks wachsende Größe drückte seine eigenen Städte nieder. Infolgedessen entzog er Lübeck das Marktrecht. Trotzdem versuchte Graf Adolf die Stadt zu halten.

Als aber im Jahre 1157 Lübeck durch eine Feuersbrunst zerstört wurde, baten die Einwohner den Herzog Heinrich, ihnen einen Platz zuzuweisen, wo ihnen der Marktverkehr erlaubt sei. Nach einigen Streitigkeiten hin und her trat darauf Graf Adolf den ganzen Hügel Buku an Herzog Heinrich ab, und Heinrich der Löwe gründete die Stadt von neuem auf dem Hügel zwischen Trave und Wakenitz. Diese dritte Gründung Lübecks durch den berühmten Städtegründer, Heinrich den Löwen, war endlich von Dauer. Der Sachsenherzog gab der Stadt eine Verfassung, richtete eine Münzstätte ein, ordnete das Zollwesen und lieh der Stadt seinen Schutz für den Seeverkehr nach den Ländern des Nordens. Lübeck wuchs und gedieh. Der Bischof Gerold verlegte seinen Bischofssitz von Oldenburg nach Lübeck. Heinrich der Löwe bestimmte in Lübeck den Platz für eine Pfarrkirche und die Wohnungen für den Bischof, den Probst und die zwölf Domherren. Nach seiner Pilgerfahrt nach Jerusalem legte er im Jahre 1173 selbst den Grund zu der Domkirche. 28 Jahre darauf stand der romanische Bau unter Dach. Damit inzwischen regelmäßiger Gottesdienst abgehalten werden konnte, ließ Heinrich im Jahre 1175 eine dem heiligen Johannes geweihte Kapelle auf dem Domplatz errichten, die sich bis 1652 erhalten hat. An der Ostseite der Stadt, nach der Wackenitz zu, wurde 1177 das Johanniskloster gegründet, in welchem sich Braunschweiger Benediktinermönche niederließen. Die Stadt vergrößerte sich mehr und mehr. Von der Burg zum Domplatz hinüber wurde eine Straße angelegt. In der Mitte dieser Straße zwischen Burg und Dom entwickelte sich der Markt; vom Markt wurden Straßen zum Hafen hinunter gezogen. Am Markt wurde das Rathaus erbaut. Bald wurde das Bedürfnis wach nach einer zweiten

Die Geschichte der Stadt

Pfarrkirche; und es wurde der Grundstein zu der Marienkirche gelegt. Das städtische Grundbuch zählte im Jahre 1227 außer diesen beiden Kirchen noch die Petri-, Jakobi- und Ägidienkirche als schon bestehend auf. Der Handel trug natürlich zum Aufblühen der Stadt das wesentlichste bei. Den Handel förderte die glückliche und kluge Verfassung, die Heinrich der Löwe der Stadt gab. Als höchsten Beamten setzte der Herzog einen Vogt ein, der dreimal im Jahre auf dem Markt Gerichtstag hielt. Die Stadtverwaltung selbst lag in den Händen eines aus Bürgern gewählten Rates, der vermutlich aus 24 Mitgliedern bestand. Der franziskaner Lesemeister Detmar hat auf ausdrückliche Verfügung des Rates im Jahre 1385 eine Chronik der Stadt begonnen, die der Historiker Ferdinand Grautoff im Jahre 1829 zum ersten Male nach der Urschrift herausgab. In dieser Stadtchronik heißt es über die damalige Ratswahl: „Kürt man jemand in den Rat, der soll zwei Jahre sitzen in dem Rat; im dritten soll er frei sein des Rats, es sei denn, daß man mit Bitte es von ihm habe, daß er den Rat suche. Niemand soll in den Rat kommen, der nicht von freier, ehelicher Geburt ist und niemandes eigen, er soll kein Amt von einem Herrn haben, auch von gutem Gerücht sein und freies Grundeigentum in der Stadt besitzen und seine Nahrung nicht im Handwerk gewonnen haben. Auch verbieten wir, daß zwei Brüder zusammen sitzen im Rat . . ." Durch diese klug erdachten Verfügungen wollte Heinrich der Löwe ein gesundes Patriziat und einen persönlich freien Mittelstand in Lübeck heranbilden. Wohlstand und Reichtum mehrten sich; und sicherlich verdankt Lübeck das regelmäßige und ge-

sunde Fortschreiten seiner Entwicklung der klugen und
weitsichtigen Staatsverfassung, die Heinrich der Löwe
der Stadt damals gegeben hat.

Im Jahre 1180 wurde Heinrich der Löwe in die
Reichsacht erklärt, weil er Friedrich I. die schuldige
Lehnspflicht zum Kriege in Italien nicht zahlen wollte
und trotz dreimaliger Ladung nicht vor dem Kaiser erschienen war. Heinrich glaubte sich stark genug, dem
Kaiser trotzen zu können, wurde aber von Friedrichs
Heeresmacht aus Sachsen hinausgedrängt. Der Kaiser
führte im Sommer 1181 ein starkes Reichsheer von der
mittleren Elbe herauf gegen die befestigten Städte
Lüneburg und Braunschweig. Während diese Städte
belagert wurden, zog Heinrich sich nach Stade zurück,
ließ eiligst die Befestigungen der Stadt Lübeck verstärken und gab Anleitungen zur Verteidigung der Stadt,
die er schon allein ihrer gesicherten Lage wegen für un-
einnehmbar hielt. Aber das kaiserliche Heer schloß
die Stadt von der Außenwelt ab, und die Bedräng-
nis der Lübecker wurde groß. Da begab sich Bischof
Heinrich in das kaiserliche Lager und erbat die Erlaubnis, Boten nach Stade schicken zu dürfen, um mit dem
Herzog über die bedrängte Lage der Lübecker zu sprechen
und seine Erlaubnis zur Übergabe der Stadt zu erwirken. Heinrichs des Löwen Trotz war gebrochen, und
er riet den Lübeckern, sich dem Kaiser zu ergeben.
Kaiser Friedrich ließ Gnade vor Recht ergehen und
übte nicht Rache an der Stadt, die ihm getrotzt
hatte. Noch bevor ihm die Tore geöffnet wurden, bestätigte er die Rechte der Stadt und die Grenzen des
ihr zugehörigen Gebietes. Dieser kaiserliche Beweis
von Huld und Gnade stimmte die Lübecker froh. Sie

Die Geschichte der Stadt

öffneten dem Kaiser die Tore, und mit festlicher Freude empfingen Geistlichkeit und Volk ihren fürstlichen Herrn. Lübeck war jetzt eine kaiserliche Stadt; ein vom Kaiser ernannter Vogt wurde der höchste Beamte der Stadt. Heinrichs des Löwen Macht war gänzlich gebrochen. Er unterwarf sich dem Kaiser, demütigte sich vor ihm auf dem Fürstentage zu Erfurt im November 1181 und ging dann in die Verbannung. Nach Friedrichs Tode auf dem Kreuzzuge kehrte Heinrich wieder aus der Verbannung zurück und hielt von neuem seinen Einzug in Lübeck.

Inzwischen blühte die Stadt immer weiter auf; der Handel gewann große Ausdehnung, und die Lübecker Kauffahrteischiffe durchkreuzten die Ostsee in allen Richtungen. Auch auf dem Festlande errang Lübeck neue und starke Verbindungen; der Lübecker Handel gewann in allen deutschen Landen eine achtunggebietende Stellung; der Ruhm seines Glanzes und seiner Größe drang sogar bis in die südlichen Länder Europas, da Lübecker Kaufleute wiederholt an den Kreuzzügen teilnahmen. Eine besonders innige Gemeinschaft des Verkehrs, die bis heute ein festes Band geblieben ist, bildete sich zwischen Lübeck und Livland aus. Ein Holsteiner Priester namens Meinhard, der mehrere Jahre lang die deutschen Kaufleute auf ihren Fahrten begleitet hatte, zog von Lübeck aus nach Livland und Esthland, um den dortigen Völkerschaften das Christentum zu predigen. Die damaligen Zeiten waren unruhvoll, der Friede niemals von langer Dauer; immer wieder zerwühlten Kriege die ruhige Entwicklung der Städte und Länder. Als Waldemar I. von Dänemark im Jahre 1182 gestorben war, brachen an der Eidergrenze zwischen Dänemark und Holstein

Feindseligkeiten aus. Waldemars Nachfolger Knud VI. schlug den Grafen von Holstein und hielt seinen Einzug in Hamburg und Lübeck. Lübeck hatte wiederum das Glück, daß auch dieser Eroberer der Stadt wohlgesinnt war; so wuchs und gedieh Lübeck weiter, sein Handel dehnte sich aus, der Wohlstand mehrte sich. Fast ein Vierteljahrhundert währte die Fremdherrschaft; dann erst wurden die Dänen wieder aus Holstein vertrieben. Doch wenige Jahre darauf versuchte der dänische König, Holstein wieder zurückzuerobern, und führte eine große Heeresmacht gegen die Holsteiner. Der Angriff wurde abgeschlagen in der denkwürdigen Schlacht auf der Ebene zu Bornhöved in Holstein am Tage der heiligen Maria Magdalena am 22. Juli 1227. Dieser Sieg der Holsteiner bedeutete ihre endgültige Befreiung von der Dänenherrschaft. In Bornhöved, dort, wo die Dänenfeste gestanden hatte, wurde ein Dominikanerkloster errichtet, in dem am Jahrestage der Schlacht alljährlich Dankgottesdienste abgehalten wurden.

Dieser Sieg sicherte auch Lübeck die Freiheit. Es stand anfangs in Frage, ob Lübeck nach der Befreiung von der Herrschaft der Dänen unter die Herrschaft der Schauenburger Grafen oder der Herzöge von Holstein zurückkehren würde oder ob es seine selbständige Stellung als kaiserliche Stadt wiedergewinnen würde. Aber auch Friedrich II. war der Stadt sehr wohlgesinnt und berücksichtigte in großherzigster Weise die Wünsche der Lübecker. Die Gesandten, welche Lübeck 1226 an das kaiserliche Hoflager sandte, kehrten mit zwei wichtigen Urkunden zurück, von denen jede doppelt ausgefertigt war, einmal mit anhängendem Wachssiegel des Kaisers, das andere Mal mit an-

Lübeck im 16. Jahrhundert (Ostseite)
Nach einem großen Holzschnitte von 1555

Die Geschichte der Stadt

hängender goldener Siegelkapsel. Die erste enthielt die Bestätigung des Privilegiums von 1188, die zweite verkündete, „daß die obgenannte Stadt Lübeck immer frei sein soll, nämlich eine besondere Stadt und Ort des Reiches und zur kaiserlichen Stadt gehörig zu keiner Zeit von ihr zu trennen." Der Kaiser versprach ferner in dieser Urkunde, „daß, wenn das Reich einen Schirmherrn über die Stadt setzen wolle, derselbe nur aus benachbarlichem Gebiet stammen solle; er erweiterte das Stadtgebiet nach Westen hin, gewährte den Bürgern Zollfreiheit, verlieh ihnen das Recht, Münzen mit dem Namen des Kaisers zu prägen, nahm den Handelsverkehr der Kaufleute zu Wasser und zu Lande in kaiserlichen Schutz und sicherte ihnen für ihren Verkehr nach England dasselbe Recht zu, welches die Kaufleute von Köln und deren Genossen daselbst hatten. Niemand durfte im Umkreis von zwei Meilen eine Befestigung anlegen, kein auswärtiger Vogt Gericht halten usw.".

Diese besonderen Privilegien rückten Lübeck in die Reihe der unter besonderem kaiserlichen Schutz stehenden Reichsstädte, wie Aachen, Frankfurt, Goslar und Nürnberg. Der Bischof hatte kraft dieser Verfügungen in Lübeck keine Regierungsgewalt. Die Stadt stand unmittelbar unter der Gewalt des Kaisers; doch mit dem Vorbehalt, daß der Kaiser einen Schirmherrn ernennen konnte. Friedrich II. machte von diesem Recht keinen Gebrauch. Er wahrte den Lübeckern ihre Freiheit uneingeschränkt und ließ sich ihre Wünsche stets von ihnen persönlich vortragen, die er erfüllte, wenn es nur irgendwie in seiner Macht lag. So erlaubte er den Lübeckern 1230, als er in Italien weilte, die Anlage einer neuen Wassermühle an der Wakenitz gegen Zahlung der pflichtgemäßen Abgabe an die kaiserliche Verwaltung, und 1236 verlieh er ihnen ein Privilegium zur Abhaltung eines jährlichen großen Marktes in der Zeit von Pfingsten bis zum Jakobitage. Jedoch für ihre Unabhängigkeit mußten sie selbst einstehen. Entspannen sich auch harte Kämpfe in der Folgezeit, so war doch Lübeck schon mächtig genug, um selbst ein Heer und eine Kriegsflotte aufzubringen; und seine Machtstellung war groß genug, um zu seiner Verteidigung Verträge mit den angrenzenden Städten und Ländern abzuschließen. Der Erbfeind, der aus Neid und Eifersucht die Stadt immer wieder bedrohte, war Dänemark. Um den Handel Lübecks zu unterbinden, sperrte König Waldemar die Trave unterhalb der Stadtmauern. Die Lübecker aber sprengten die Hafensperre und trieben die dänische Flotte in die Flucht. Detmars anschaulicher Bericht über dieses Ereignis entspricht sicherlich nicht den Tatsachen; dazu klingt er zu sagenhaft: „Die Bürger sprengten, mit einem starken Schiffe ansegelnd," heißt es bei Detmar, „die Ketten, welche die Dänen über die Trave gezogen hatten; sie gruben gegenüber der Stätte, die noch heute Dänischburg heißt, einen tiefen Graben, um ihre Schiffe ungehindert dort hinauszuführen; sie schützten ihr ‚Tief' durch sechs wohlbewachte Schiffe gegen neuen Angriff; sie lieferten endlich der dänischen Flotte, als diese sich nach der Mündung der Warnow zurückgezogen hatte, eine bedeutende Seeschlacht, nahmen fünf große Schiffe, die sie in Brand steckten, bohrten andere in den Grund; das größte Schiff mit 400 Mann Besatzung führten sie als gute Beute in die Trave; kaum entkam der König selbst."

Die Geschichte der Stadt

So endete dieser dänische Überfall für Lübeck glücklich.

Nach der Absetzung Kaiser Friedrich II. 1247 mußte sich die Stadt die Schirmherrschaft der jungen Grafen Johann und Gerhard von Holstein gefallen lassen. Es war kein Unglück für Lübeck; denn die Verwaltung der Gerichtsbarkeit und der Münze blieb in den Händen der Stadt; ihre Selbständigkeit wurde also kaum angetastet. Bald aber entspann sich ein neuer Krieg mit Dänemark. Nachdem auch dieser Krieg und die Fehden mit König Wilhelm von Holland glücklich zu Ende geführt waren, wandte sich Lübeck an Papst Innozenz IV., der die kaiserlichen Privilegien über die Freiheit der Stadt kraft päpstlicher Autorität bestätigte. Einige Zeit später hat Alexander IV. diese erste päpstliche Bestätigung wiederholt. Diese beiden Urkunden beweisen die außerordentliche Weltmachtstellung des Papstes in damaliger Zeit. Lübeck hätte sicherlich diese päpstlichen Bestätigungen seiner Privilegien nicht nachgesucht, wenn nicht dadurch sein Ansehen gehoben und seine eigene Machtstellung gefestigt worden wäre. Das war notwendig, um seine Autorität den umliegenden Städten und den angrenzenden Ländern gegenüber durchsetzen zu können. Im Jahre 1259 forderte Lübeck Rostock und Wismar zu Maßregeln gegen d n Land- und Seeraub auf, und im selben Jahre schloß Lübeck mit Hamburg einen Vertrag zur Sicherung des Verkehrs auf der Elbe und in Holstein. Die holsteinische Schirmherrschaft dauerte kaum anderthalb Jahrzehnte. Im Jahre 1261 entzweite sich die Stadt mit den Grafen von Holstein infolge eines Friedensbruches, den Graf Johann sich hatte zuschulden

Die Geschichte der Stadt

kommen lassen. Lübeck schüttelte darauf eigenmächtig die beiden Grafen Holstein ab und erwählte Herzog Albert von Braunschweig zum Schutzherrn, mit dem das Schutzverhältnis im Jahre 1269 durch einen Vertrag geregelt wurde. Aber auch die braunschweigische Schutzherrschaft dauerte nicht sonderlich lange. Nach dem Tode Herzog Alberts von Braunschweig im Jahre 1282 übernahmen die beiden sächsischen Herzöge Albert und Johann die Schutzherrschaft der Stadt. Auch sie griffen keineswegs in die Verwaltung der Stadt ein. Lübeck gedieh, bewahrte seine Selbständigkeit und übernahm mehr und mehr die Führerrolle der norddeutschen Handelsstädte, die sich unter dem Vortritt und oft auf Veranlassung Lübecks vereinigten, um ihren Wohlstand und ihre bürgerlichen Freiheiten gegen die Anmaßungen von Rittern und Fürsten zu verteidigen. Obwohl König Rudolf, Graf Adolf von Nassau und König Albrecht von Habsburg der Stadt durchaus wohlgesinnt waren, blieb die norddeutsche Reichsstadt im großen und ganzen doch immer auf ihre eigene Kraft angewiesen. Aber gerade der Umstand, daß Lübeck wenigen zu Dank verpflichtet war und fast alles seiner eigenen Kraft, seiner eigenen diplomatischen Geschicklichkeit verdankte, hob das Ansehen der Stadt vor den anderen. Man sah mit Hochachtung auf diese Stadt und nahm sie in manchen Dingen als Vorbild.

Das lübische Recht, eines der ältesten und wichtigsten Stadtrechte des Mittelalters, bürgerte sich in den Küstenländern der Ostsee, in Pommern, Mecklenburg, Esthland, Livland, Holstein und Schleswig ein, in allen Gegenden, nach denen hin Lübeck Handelsbeziehungen unterhielt.

Die Geschichte der Stadt

Nach den westlichen Ländern hin hat Lübeck seinen Handel in enger Verbindung und Freundschaft mit Hamburg begründet. Die treue Gemeinschaft beider Städte kommt in den Verträgen, welche sie im 13. Jahrhundert über gegenseitige Sicherung ihrer Kaufleute und der Handelswege zwischen Elbe und Trave, über Verbannung von Friedensbrechern und gleichartige Münzprägung schlossen, mehrfach zum Ausdruck. Mit Bremen dagegen unterhielt Lübeck keine engere Verbindung. Die deutsche Hansa, deren Geschichte eng mit der lübschen Stadtgeschichte verknüpft ist, entstand nicht in einem bestimmten Jahr, sondern dieser Städtebund entwickelte sich ganz allmählich aus den Verhältnissen heraus, die einen engen Zusammenschluß der handeltreibenden Küstenstädte erforderten, um den Handel im Auslande zu schützen.

Das Wort Hansa bedeutet in der gotischen Sprache soviel wie Schar oder Genossenschaft. In alten englischen Urkunden des 12. und 13. Jahrhunderts findet sich neben dem Wort Gilde auch der Ausdruck Hansa, wie Sartorius-Lappenberg in ihrer urkundlichen Geschichte des Ursprungs der deutschen Hansa feststellen. Obwohl Lübeck erst 1359 die zur Hansa der Deutschen gehörenden Städte zu einer Tagung einlud, so ist doch das Bestehen dieser Gemeinschaft schon viel früher erkennbar. Als Haupt des Hansabundes stieg Lübecks Ansehen sowohl Dänemark wie dem Kaiser gegenüber immer höher. Als König Ludwig der Bayer den Grafen Berthold von Henneberg zum Schirmherrn der Stadt ernannte, erwirkte Lübeck von ihm die Erlaubnis, Goldgulden zu prägen, die in Gewicht und Wert mit den Gulden von Florenz übereinstimmen sollten. Diese Goldmünzen wurden im

Jahre 1341 zum erften Male geprägt. Gegen Ende des 14. Jahrhunders entbrannte von neuem ein Krieg zwischen Lübeck und Dänemark, der mit der Eroberung Wisbys durch Waldemar IV. seinen Anfang nahm. Eine wohlausgerüstete hansische Flotte segelte im April 1362 nach dem Sund, um Helsingborg zu belagern. Die Dänen griffen die Flotte an, nahmen zwölf hochbordige Koggen gefangen und verbrannten mehrere Handelsschiffe, die sich im Schutze der hansischen Kriegsflotte befunden hatten. Der Befehlshaber Johann Wittenberg, Lübecks Bürgermeister, führte den Rest dieser Flotte darauf in den heimatlichen Hafen zurück. Die Lübecker waren über seine schlechte und feige Kriegsführung so empört, daß sie Wittenberg auf offenem Markt enthaupten ließen. Der Krieg aber wurde fortgesetzt.

Lübeck warb neue Mittel und rüstete eine neue Kriegsflotte aus, die unter des Bürgermeisters Brun Warendorps Leitung im Jahre 1368 gegen Dänemark ausfegelte, den Hafen von Kopenhagen sperrte und kurze Zeit darauf die dänische Hauptstadt einnahm

Nach diesem siegreichen Kriege wurde zwischen Dänemark und dem Hansabunde am 24. Mai 1370 der Friede zu Stralsund geschlossen. Lübecks Macht und Größe strahlte nach diesem Kriege heller denn je. So wenig Neigung Kaiser Karl IV. gehabt hatte, die Hansastädte in ihrem Kriege gegen Dänemark zu unterstützen, so lag ihm doch jetzt nach dem Friedensschluß viel daran, sein kaiserliches Ansehen durch persönliches Erscheinen in der Stadt zu befestigen, die durch eigene Kraft in einem schweren und gefahrvollen Kriege einen so glänzenden Sieg errungen hatte. Als Haupt des Hansabundes

Die Geschichte der Stadt

wurde Lübeck im Jahre 1372 durch den Besuch Karls IV. geehrt, nachdem der Kaiser schon im voraufgehenden Jahre den Lübecker Bürgermeister zum Reichsfriedensrichter ernannt hatte. Durch diese hohe Auszeichnung war Lübeck als die stärkste und gleichzeitig als die friedfertigste der deutschen Städte anerkannt, sein Bürgermeister als der einzige Reichsstand, der im ganzen Reiche hohe kaiserliche Befugnisse auszuüben berechtigt war. Das alles waren die guten Folgen des Sieges über den Dänenkönig.

Im Herbst des Jahres 1375 hielt der Kaiser selbst mit seiner Gemahlin und großem Gefolge seinen feierlichen Einzug in Lübeck. Adolf Holm schreibt nach älteren Quellen über diese ersten Lübecker Kaisertage: „Beim Einzuge durch das Burgtor schritten voran die Geistlichen der Stadt, dann kam ein Ratsherr zu Pferde, der die Schlüssel der Stadt trug, und der Herzog von Lüneburg mit dem Reichsschwert, hierauf der Kaiser unter einem von vier Junkern getragenen Himmel, dann der Erzbischof von Köln mit dem Reichsapfel, die Kaiserin ebenfalls unter einem Baldachin, das Gefolge von angesehenen Bürgern geleitet. Zwischen dem äußeren und inneren Burgtor begrüßten die vornehmsten Frauen der Stadt den Kaiser und die Kaiserin. Nach einem Gottesdienste im Dom wurde der Kaiser in seine Herberge geleitet, die ihm in dem Eckhause der König- und unteren Johannisstraße eingerichtet war. Die Kaiserin wohnte gegenüber in dem Hause, das bis heute seinen damaligen Hintergiebel bewahrt hat; eine Brücke verband über die Königstraße die oberen Stockwerke beider Häuser. Zehn Tage blieb der Kaiser in Lübeck. Er nahm an einer Sitzung des Rates teil und redete dabei die

„consules" als „Herren" an. Als diese bescheiden eine derartige Ehre ablehnten, sagte der Kaiser: „Ihr seid Herren."

Lübeck wurde jetzt den vier Städten Rom, Venedig, Pisa und Florenz zugezählt, deren Ratsherren das Recht zustand, dem Rat des Kaisers anzugehören, wenn sie sich an seinem Hoflager aufhalten. Durch diese erneute kaiserliche Gunst wurde Lübeck noch einmal besonders vor allen deutschen Städten hervorgehoben und ausgezeichnet. In diese Zeit fällt die höchste Blüte der Reichsstadt.

So glänzend und machtvoll sie nach außen hin dastand, so blieben der Stadt doch auch nicht die inneren Kämpfe erspart, die im 14. Jahrhundert die meisten deutschen Städte dadurch erlebten, daß der aufstrebende Handwerkerstand Anteil an der Stadtregierung beanspruchte. Während in den deutschen Binnenstädten diese inneren sozialen Fehden größtenteils dadurch geschlichtet wurden, daß den Zünften ein mehr oder minder bedeutender Anteil an der Besetzung der Ratsstellen gewährt wurde, überwog in den Seestädten der Kaufmannsstand die Gewerbetätigkeit der Handwerker, so daß diese nicht dauernd die Ratsfähigkeit gewinnen konnten. Auch in Lübeck wurden die kaufmännischen Patrizier, die an der Gemeinschaft des Hansabundes einen starken Rückhalt hatten, am Ende dieser inneren Zerwürfnisse wieder in die Verwaltung der Stadt eingesetzt, und die Entwicklung Lübecks nahm in der bisherigen Weise ihren Fortgang. Es erweiterte seine Besitzungen und mehrte seinen Einfluß. Der Reichtum der Stadt nahm bedeutende Dimensionen an, und die Lübecker Staatsmänner erwiesen sich in allen Fragen als kluge, bedeutende und weitsichtige Diplomaten.

Hafenspeicher
Nach einer Radierung von Rita Epilshaus

Die Geschichte der Stadt

Aus dem Ende des 14. Jahrhunderts ist noch ein wichtiges Unternehmen, das Lübecker Staatsmänner ersonnen und ausgeführt haben, zu nennen. Sie erkannten die außerordentliche Bedeutung einer Wasserstraße zwischen Nord- und Ostsee für den Handelsverkehr und die günstigen Vorbedingungen für eine derartige Wasserstraße zwischen Elbe und Trave. Im Jahre 1390 schloß Lübeck einen Vertrag mit Herzog Erich IV. von Lauenburg über den Bau dieses Kanals. Wurde dieser Kanal auch nur klein und nur für flache Schiffe zugänglich, so war dieses Unternehmen doch sehr außergewöhnlich in damaliger Zeit; der Elbe-Trave-Kanal wurde der erste Kanalbau in Nordeuropa. Lübeck stand also zu Beginn des 15. Jahrhunderts nicht nur als Handelsstadt an der Spitze der deutschen Städte, sondern es schuf auch im Wasserbau ein bedeutendes Werk, das die Augen ganz Europas auf sich zog.

In den ersten Jahrzehnten des 15. Jahrhunderts bestimmte der Kampf um Schleswig, der sich zwischen Dänemark und Holstein entspann, die weitere Entwicklung Lübecks. Die Grafen von Holstein erhoben erbliche Ansprüche auf Schleswig, nachdem im Jahre 1404 Graf Gerhard VI. gestorben war, den die Königin Margarete im Jahre 1386 mit dem Herzogtum belehnt hatte, unter der ausdrücklichen Bestimmung, daß der König von Dänemark über dieses freie Lehen Dänemarks frei verfügen dürfe. Nach dem Tode Margaretens im Jahre 1413 berief ihr Nachfolger König Erich ein Lehnsgericht, auf dem er sich von neuem das freie Verfügungsrecht über Schleswig zusprechen ließ. Diesen Spruch des Lehnsgerichts bestätigte Kaiser Sigismund, trotzdem wollten die Grafen von Holstein ihre Ansprüche nicht aufgeben.

Der Rat von Lübeck vermittelte in diesem Streit, und dank der diplomatischen Kunst seines Bürgermeisters Jordan von Pleskow wurde bis zu dessen Tode ein Krieg vermieden. Dann aber forderte König Erich von Dänemark mutwillig den Hansabund zum Kriege heraus, indem er einen Zoll auf die Schiffahrt durch den Sund legte, den er auch von Schiffen der Hansastädte forderte. Die Hansastädte empfanden diese Forderung als eine Verletzung der von ihnen erworbenen Rechte und erklärten im September 1426 Dänemark den Krieg. Im Frühjahr des nächsten Jahres segelte eine stolze Flotte des Hansabundes nach Kopenhagen, um die dänische Flotte am Auslaufen zu hindern. Dieser Plan mißlang zwar; aber die Seeschlacht, die sich darauf entspann, verlief für den Hansabund glücklich. Jedoch der Führer dieser Flotte, Bürgermeister Tidemann Steen, wußte den errungenen Sieg nicht klug zu nutzen. Ein Teil der Kriegsflotte wurde nachträglich von den Dänen zerstört, und die Handelsschiffe, die sich im Schutze der Kriegsflotte befanden, wurden ebenfalls von den Dänen erbeutet. Daß die Hanseaten in dieser Seeschlacht die dänische Danebrogsflagge erobert hatten, die heute noch in der Marienkirche hängt, vermochte die Lübecker nicht über die schweren Verluste zu trösten; Tidemann Steen mußte diesen ungeschickt geführten Seekrieg mit langer Gefängnisstrafe büßen. Die Verhandlungen, die nun eröffnet wurden, zogen sich so lange hin, bis ein in Schweden ausbrechender Aufruhr den Dänenkönig zwang, schleunigst Frieden zu schließen, der am 17. Juli 1435 zu Wordingborg durch Lübecks Verdienst zustande kam.

Die Geschichte der Stadt

Rapesulver, der in Wordingborg die Friedensverhandlungen geführt hatte, übernahm sodann auf Erichs Wunsch die Versöhnungsvermittlungen zwischen Dänemark und Schweden. Schon das beweist, daß der Friede zu Wordingborg nicht zu Lübecks Ungunsten geschlossen worden war; sonst hätte der Dänenkönig den Bürgermeister von Lübeck sicherlich nicht mit einer so wichtigen diplomatischen Aufgabe betraut.

Lübeck stand auf der Höhe seiner Größe. Die langen Friedensjahre, die nun folgten, waren für seine Entwicklung sehr segensreich. Der wohlgegründete Reichtum der Stadt erlaubte dem Rat, das Innere der Stadt weiter auszubauen und die Befestigungen neu anzulegen. 1444 wurde das Burgtor erbaut, 1450 der Absalomturm an der Wakenitz, 1452 der blaue Turm und in den Jahren 1469—1476 das Holstentor. Um dieselbe Zeit wurden am linken Traveufer ein Festungswall aufgeworfen und ein Graben gezogen. Das Rathaus, das den Ansprüchen der Zeit nicht mehr entsprach, erfuhr eine wesentliche Vergrößerung. Der Rat bestand aus vier Bürgermeistern und zwanzig Ratsherren, die das Recht hatten, sich selbst ohne Teilnahme der Bürgerschaft zu ergänzen. Nach Art und Weise des Mittelalters bestand die gesamte Bürgerschaft aus einer Reihe von Korporationen; die nicht ratsfähigen Handwerker hatten schon lange sich zu Zünften zusammengeschlossen. Unter den Kaufleuten bildeten sich Vereinigungen, die ihren Namen von den Gegenden empfingen, wohin ihr Handel sich richtete, wie die Verbindung der Schonenfahrer, der Novgorodfahrer und der Bergfahrer. Unter den Staatsmännern dieser Zeit tat sich besonders Bürgermeister Heinrich Castorp hervor, der von 1462—1480 an der Spitze des Lübecker Staatswesens stand und nach dem Grundsatze regierte: Verhandeln, nicht Krieg führen. Der Grad der Machtstellung Lübecks in damaliger Zeit erhellt aus der Aufforderung des Kaisers an Lübeck, in dem Kriege zwischen dem Deutschen Orden und Polen den Frieden zu vermitteln. Castorp reiste zu diesem Zweck 1464 nach Polen, kehrte aber bald wieder, ohne bedeutende Resultate erzielt zu haben. In den skandinavischen Reichen war um diese Zeit noch kein dauernder Friede eingekehrt. Solange Castorp Lübecks Bürgermeister war, wußte er geschickt zu vermeiden, daß Lübeck in die Streitereien der nordischen Länder hineingezogen wurde. Um die Jahrhundertwende aber wurde Lübeck als Nachbarstaat Holsteins doch in die Wirren und Fehden der skandinavischen Länder verwickelt.

Christian I. aus dem Oldenburger Hause war seit 1449 König von Dänemark und nach der Kalmarischen Union, die Königin Margarete 1397 gestiftet, gleichzeitig König von Schweden und Norwegen. Nach Adolfs VIII. Tode wurde er 1459 noch Herzog von Schleswig und Graf von Holstein und dadurch der politische Beherrscher aller derjenigen Länder, in denen die Hansa und besonders Lübeck die merkantile Herrschaft besaß und große Vorrechte erworben hatte. In den Fehden, die Christian durch Schwedens Ungehorsam auszufechten hatte, unterstützte ihn Lübeck mit Geld und Lebensmitteln. Nach Christians Tode zögerte sein Sohn, den Hansastädten die Privilegien zu bestätigen. Dadurch wurde wiederum ein Krieg hervorgerufen, in dem 1503 der geistliche Legat Raimund Peraudi als Friedensvermittler auftrat. Der König

Die Geschichte der Stadt

versprach den Städten, ihre alten Privilegien zu erneuern, wenn Lübeck die Befreiung seiner Gemahlin erwirken wollte, die bei einer Reise durch Schweden gefangen genommen war. Obwohl Lübeck sich dazu bereit erklärte, ging der Krieg doch weiter, und erst 1512 wurde der Friede zu Malmö geschlossen. Johanns Nachfolger, Christian II., war ein heißblütiger, ehrgeiziger Herrscher; er wollte sein Machtbereich stärken und vergrößern, sich Schweden untertan machen und die Kraft und Größe des Hansabundes zersprengen. Zwei beschwerliche und langwierige Kriege führte er gegen Schweden. Als endlich die Schweden, allzusehr geschwächt und müde des ewigen Haders, ihm einige Vornehme ihres Landes als Geiseln sandten, um ernstlich die Friedensverhandlungen einzuleiten, führte Christian diese Geiseln mit sich und setzte den Krieg weiter fort.

Unter diesen Geiseln befand sich auch Gustav Wasa, ein Jüngling aus edlem Geschlecht, den die Zerrissenheit und Friedlosigkeit seines Vaterlandes lange schon schmerzte. Im Jahre 1519 glückte es ihm, aus der dänischen Gefangenschaft zu entfliehen; er entkam nach Lübeck, wo er Schutz und Aufnahme fand. Cord König nahm ihn in sein Haus und verweigerte die von Dänemark geforderte Auslieferung des Flüchtlings. Bald darauf ging Gustav Wasa nach Schweden zurück, verbarg sich, von Edlen des Landes bewacht und beschützt, vor den Dänen, die Stockholm nach langer Belagerung eroberten. Der lang ersehnte Frieden hätte jetzt Schweden werden können, wenn König Christian sich nicht durch das Blutbad von Stockholm am 8. November 1520 alle Sympathie der Schweden verscherzt und sie von neuem zu einem glühenden Haß gegen das

Die Geschichte der Stadt

dänische Joch entflammt hätte. Im Jahre 1521 schloß Lübeck ein Kriegsbündnis mit den wendischen Städten und gewann für dieses Bündnis noch Danzig, indem es alle Fehden mit dieser Stadt begrub. Dieses kraftvolle Bündnis ermöglichte den norddeutschen Städten unter Lübecks Führung, den Anmaßungen König Christians entgegenzutreten, und die deutsche Seemacht entfaltete sich auf der Ostsee nochmals so ansehnlich, wie es seit 1368 nicht mehr geschehen war. Nachdem Gustav Wasa am 24. August 1521 von einem großen Teil des schwedischen Adels zum Reichsverweser gewählt worden war und er wiederholt Bitten um Hilfe nach Lübeck gesandt hatte, fuhren im Mai 1522 zuerst zehn Schiffe zur Belagerung nach Stockholm ab. Am 13. August desselben Jahres segelten weitere 13 Orlogschiffe und vier Jachten aus, die, geführt von den Ratsherren Johann Glocken und Hermann Falcke, sich mit den Schiffen von Rostock, Stralsund und Wismar vereinigten und 34 Segel im ganzen im ersten Jahre wenigstens erreichten, daß Stockholm von Dänemark keine Verstärkung erhielt. Am 20. Juni 1523 endete die Belagerung von Stockholm. Die dänische Besatzung von Stockholm überlieferte den Lübecker Flottenführern die Schlüssel der Stadt, die ihrerseits sie Gustav Wasa überreichten. So empfing der eben neugewählte König von Schweden, Gustav Wasa, aus den Händen lübeckischer Staatsmänner und Flottenführer die Schlüssel seiner Hauptstadt.

Um diese Zeit war Lübeck noch eine glänzende Stadt, mächtig und groß; aber die Zeit seiner schönsten Blüte ging zu Ende; denn wie kräftig der alte Stamm auch noch seine Äste und Zweige nach allen Seiten ausbreitete, das Mark des Baumes fing schon an, sich zu verzehren, und seine Kraft konnte sich nicht wieder verjüngen. Dies fühlten Lübecks Bürger nur zu lebhaft, und so entstand innerhalb ihrer Mauern Mißtrauen und Unzufriedenheit gegen die, welche zunächst die Angelegenheiten der Stadt ordneten und leiteten.

Der Historiker Professor Ferdinand Grautoff hat vor 80 Jahren in Lübeck eine Reihe von Vorlesungen über die Lübecker Reformationsgeschichte gehalten. Über die inneren Kämpfe der Stadt in der damaligen Zeit schrieb er: „Vor 300 Jahren hatte Lübeck eine ganz andere Verfassung als heute. Abgesehen davon, daß damals überhaupt mehr getan und weniger beraten wurde, was so gut seinen Grund in dem Geiste jener Zeit hatte, der überall rasch eingriff, wo es die Tat galt, als das Gegenteil sich aus der engherzigen Besorgnis späterer Geschlechter erklären läßt; — abgesehen davon, sage ich, hatte auch der Rat allmählich so ganz seine Stellung gegen die Bürger verändert, daß er nicht mehr, wie es ursprünglich die Satzung war, nur Verwalter des demokratischen Staates blieb, sondern wirklich der Herr der Stadt. Wer mag es leugnen, daß unter solchen Umständen sich auf der einen Seite der Aristokratismus immer mehr festigen und verbreiten mußte, auf der andern Seite aber jede Äußerung des Mißvergnügens unter den Bürgern doppelt gefährlich werden konnte. Denn vereinigten sich in ihren Beschwerden Kaufleute und Handwerker, so hielt auch die Partei des Rates um so fester zusammen, und es galt jedesmal einen schweren und langwierigen Kampf. Der Rat schützte sich und die Seinen durch die Freibriefe der Kaiser und durch Exekutionsmandate, die er leicht vom kaiserlichen Hofgerichte erwirkte. Die Bürger trotzten auf alte, verschollene Rechte, verweigerten Abgaben oder doch neue Geldzuschüsse; wiederum aber trotzte der Rat auf seine unbedingte Regentschaft und Hoheit; und blieb ihm endlich kein anderes Mittel, die halsstarrigen Bürger zu beugen, so entwich er aus der Stadt und brachte dann diese aus der Ferne leicht unter geistlichen oder weltlichen Bann. Ursprünglich war in Lübeck alle Kirchengewalt in die Hände des Bischofs und seines Kapitels getan. Sie beschränkten ihre Macht nicht allein auf ihre eigentliche Kirche, den Dom, sondern ordneten auch unbeschränkt die Angelegenheiten aller anderen Stadt- und Landkirchen. Je sicherer sich indessen die bürgerlichen Verhältnisse der Stadt ausbildeten, und je mehr sich namentlich das Ansehen des Rates festigte, desto eifriger strebte auch die weltliche Macht, sich die Sorge für Kirchen und Schulen zuzueignen. Indessen erreichten sie nicht viel. Daher wurde dann das Verlangen nach der neuen Lehre auch in unserem Lübeck, wie in so manchen anderen Städten, zuerst nur in den mittleren und niederen Ständen laut; die reicheren und gebildeteren Bürger schlossen sich jenen erst später und immer nur einzeln an, weil gerade in ihren Kreisen zunächst die Opfer gebracht werden mußten, welche die Einführung der neuen Lehre verlangte.

Leichter und schneller wäre dessenungeachtet das Werk der Reformation in unserer Stadt durchgeführt, hätten in ihr, wie es in anderen Städten allerdings zum Teil der Fall war, auch bürgerliche Vorsteher an den Kirchen gestanden und diese sich einen sicheren Einfluß zu verschaffen gewußt.

Der Lübecker Hafen
Nach einem Ölgemälde von Elisabeth Reuter

Die Geschichte der Stadt

Die lauten Klagen, in welchen sich damals Lübecks Bürger erhoben, trafen jedoch nicht allein die Lehre der Kirche und den Gottesdienst in ihr, sondern ebenso kühn und ebenso wahr wendeten sie sich gegen einzelne Institute, die damals allein noch von der Kirche ausgingen und daher größtenteils auch deren Mängel und Schäden teilten. Ich rede hier zunächst von zweien derselben, von dem Schul- und von dem Armenwesen, denn die Klage über beide war auch in unserer Stadt ein Haupthebel der Kirchenreinigung, und beide erhielten später durch diese eine ganz andere Gestalt.

Als die Kunde von den Worten und Siegen Luthers in reißendem Fluge durch alle Länder und Städte zog und wie im Zauberschlage alle Völker ringsum erwachten und ihres Rechtes sich bewußt und müde des langen Geistesdruckes sie mit stürmender Gewalt nach Gewissensfreiheit, nach der Freiheit der Kirche und der Lauterkeit des Evangeliums verlangten, wurden auch bald viele Bürger Lübecks von dem gewaltigen Schwunge der Zeit erfaßt, der überall das deutsche Volk bewegte.

Im Überdrusse über den Glaubenszwang waren auch einzelne Bürger wohl ausgewandert in holsteinische oder mecklenburgische Städte, wo Luthers Lehre früher als in Lübeck Anerkennung und Verbreitung fand. Die Mehrzahl jedoch rüstete sich daheim zum Kampfe und hielt sich für die Gewalt, die sie noch leiden mußte, schadlos durch Spott und Hohn gegen die Geistlichen. In einem Spottlied auf den Kirchherrn von St. Marien, Johann Rode, heißt es:

Godes Wort will he dampen
Unse Kerkherr verkehrt,
Mit God ist gwat kampen,
Jo helpt uns sin Swerdt,
Vor dissen Hipocriten,
De will uns territen.

Waket up von dem Slape
Juw Christen overall,
Heft Acht up juwe Schape,
De Wulf is in Stall,
Juwe Seel will he morden.
Mit utstafferden Worten;
En Schapskled hed he an;
Wo gy juw nicht wachten
He würt juw afschlachten
Mit sinem Kaplan.

Diese Spottverse wurden damals nach der Melodie des Lübecker Volksliedes: „Der Winter will uns dwingen, darto de kolde snee" auf den Straßen der Stadt gesungen."

Im Jahre 1528 begannen Andreas Wilms oder Wilhelmi in der Ägidienkirche und Johann Wallhof in der Marienkirche offen gegen den Ablaß zu predigen und sich kühn zu Luthers Lehre zu bekennen; aus Stade kam ein lutherischer Prediger, Johann Achsenbrügge, um in Lübeck Hausandachten im lutherischen Geiste abzuhalten. Der Rat der Stadt aber tat alles, um die neue Lehre zu unterdrücken und verwies die Geistlichen, die sich zu Luther bekannten, der Stadt. Gegen Ende des Jahres 1528 wurde die Geldnot Lübecks sehr dringend. Als der Rat aber von den Bürgern eine neue Beisteuer als Kriegskontribution erbat und 36 angesehene Kaufleute und Bürger auf das Kaufhaus berief, um mit den übrigen Bürgern über diese neue Steuer zu ver-

Die Geschichte der Stadt

handeln, wurde diese Geldforderung von den Bürgern schroff abgelehnt, wenn die Stadt nicht die vertriebenen Geistlichen zurückberiefe und die Predigt der neuen Lehre freigäbe. Der Rat der Stadt weigerte sich lange, den Wünschen des Volkes nachzugeben. Erst im Jahre 1530 willigte er, gezwungen durch die Geldnot, in die Forderungen der Bürger; die beiden verwiesenen Prediger wurden zurückberufen und noch andere lutherisch gesinnte Prediger eingestellt. Trotzdem ausdrücklich bestimmt war, daß die katholischen Gebräuche bis zum Ausgang des Reichstages erhalten bleiben sollten, verrichtete ein Geistlicher eine Taufe in deutscher Sprache und ein anderer verteilte noch in demselben Jahre das Abendmahl in beiderlei Gestalt. 1530 fand die letzte Fronleichnamsprozession unter dem Vorantritt von Ratsmännern und hansischen Gesandten statt. Der Zug wurde von dem Volke mehrfach gestört. Endlich, am 30. Juni desselben Jahres, willigte der Rat der Stadt, von den Bürgern dazu gedrängt, in die Abschaffung der katholischen Gebräuche, was noch am gleichen Abend in allen Kirchen und Klöstern bekannt gemacht wurde. Der Rat erklärte sich ferner dazu bereit, daß zwei Männer nach Wittenberg gesandt wurden, um einen Mann zu finden, der eine neue Kirchenordnung für Lübeck entwerfen könne. Johann Bugenhagen wurde mit dieser Aufgabe betraut. Er traf am 25. Oktober 1530 in Lübeck ein und wurde von der gesamten Einwohnerschaft mit heller Begeisterung empfangen. Bugenhagen war mit dem Amt, das ihm übertragen war, vertraut; denn er hatte kurz vorher schon in Hamburg und Braunschweig eine neue Kirchenordnung errichtet. Der Rat stellte ihm die beiden Ratsmänner Godert von Höveln und Heinrich Castorp zur Seite, weiter wurden ihm noch einige Mitglieder des 64-Bürger-Ausschusses zugeordnet, in dem damals schon Jürgen Wullenwever, ein aus Hamburg eingewanderter Kaufmann, großen Einfluß hatte. Die Armenpflege, die bis dahin gänzlich von der Kirche und den kirchlichen Instituten verwaltet worden war, wurde unter staatliche Leitung genommen und neugeordnet. Die Schulen wurden ebenfalls umgewandelt. Aus dem Franziskaner- (Katharinen-) Kloster wurde eine lateinische Schule gemacht. Das Dominikaner- (Burg-) Kloster wurde zu einem Armen- und Krankenhause eingerichtet. Das Zisterienser- (Johannis-) Nonnenkloster ließ man auf dringenden Wunsch des Rates bestehen; nur mußte der Rat dafür Sorge tragen, daß es nach und nach evangelisch wurde und daß die Konventualinnen sich dem Unterricht der Mädchen im evangelischen Geiste widmeten. Aus dem erst vor kurzem als Erziehungsanstalt für Bürgertöchter erbauten St. Annenkloster wurden die Nonnen ausgewiesen und das Gebäude geschlossen.

Während diese durchgreifenden Reformen dem Rat und der Bürgerschaft übergenug Arbeit machten, wurde Lübeck von neuem durch die Ansprüche, die der entflohene König Christian II. von Dänemark von Holland aus auf den dänischen Thron machte, in die äußere Politik hineingezogen. Da Lübeck Hollands wachsende Konkurrenz in der Ostsee mehr und mehr fürchten mußte, ließ es sich für Christians Pläne gewinnen. In diesen Verhandlungen spielte Jürgen Wullenwever schon eine bedeutende Rolle. Lübeck hätte nach der Gefangennahme Christians II. sehr gerne gegen Holland einen Krieg begonnen; aber König Friedrich von Dänemark konnten sie für diesen Plan nicht gewinnen. Als er im Jahre 1533 starb, stand Lübeck ganz allein. In diesem Jahre wurde Wullenweber in den Rat und wenige Wochen darauf zum Bürgermeister gewählt. Er war eine ehrgeizige und unternehmungsmutige Natur, die immer sehr hohen und großartigen Zielen zustrebte. Aber alle seine Pläne entbehrten einer gesunden Basis und verloren sich allzusehr ins Phantastische; außerdem gebrach es ihm an entschiedener Tatkraft, einem starken und festen Willen.

Als Kaufmann hatte er sein Metier verstanden; als Napoleon bewies er sich als kläglicher Dilettant. Es ist unbegreiflich, daß gerade dieser halbe Held sich in Lübeck bis auf den heutigen Tag einer Popularität erfreut, wie sie im allgemeinen doch nur ganzen Naturen zuteil wird. Wullenwebers weltpolitische Phantastereien haben sicherlich Lübecks Verfall beschleunigt, da er die Stadt über ihre Kraft und Möglichkeiten hinaustrieb. Er wollte die Holländer und den holländischen Handel ganz und für immer aus der Ostsee verdrängen, die sinkende Macht der Hansa heben und Lübeck die Hegemonie über die Ostsee erobern.

Wullenweber rüstete eine Flotte aus, die unter Markus Meyers Führung hinaussegelte, ohne anderes zu erreichen, als daß einige holländische Schiffe gekapert wurden. Lübeck fand keine Bundesgenossen und mußte sich endlich zu Unterhandlungen bereit finden, die im März 1534 in Hamburg eröffnet wurden. Jürgen Wullenweber ritt mit einem königlichen Gefolge von sechzig Personen in voller Rüstung auf einem prunkvollen Pferde von Lübeck nach Hamburg und machte durch diese Diktatoren-Allüren in Hamburg unliebsames Aufsehen. Alle seine ehrgeizigen Forderungen wurden zurückgewiesen, und er mußte schleunigst nach Lübeck zurückkehren, um sich dort seine Position wahren zu können. Es gelang ihm. Als er am 13. März in der Marienkirche von der Kanzel herab eine feurige Rede hielt, jubelte alles Volk ihm begeistert zu. Nun wollte er Lübecks Einfluß in Dänemark befestigen, indem er König Christian befreite. Er gewann den Grafen von Oldenburg für seinen Plan, der mit einer Flotte aussegelte und am 13. Juli Kopenhagen einnahm. Aber dieser Vorteil ging wieder verloren, als Christian III. von Dänemark mit seinem Landheer in Holstein einfiel, Travemünde eroberte und Lübeck selbst ernstlich bedrohte. Zwischen Holstein und Lübeck kam daraufhin am 18. November 1534 ein Friede zustande. Der Krieg mit Dänemark wurde noch zwei Jahre lang fortgesetzt, ohne daß Graf Christoph von Oldenburg irgend etwas erreichte. Wullenwevers Stellung wurde durch diesen unglücklichen Krieg gänzlich erschüttert. Als am 7. Juni des nächsten Jahres ein kaiserliches Exekutorialmandat des Reichskammergerichts zu Speier einlief, welches die Stadt mit der Reichsacht bedrohte, wenn nicht binnen 45 Tagen die alte aristokratische Verfassung wiederhergestellt würde, mußte Wullenwever gleichzeitig mit mehreren anderen Ratsmitgliedern aus dem Rate treten. Bald darauf erhielt er vom Rat die Erlaubnis, nach dem Lande Hadeln zu reisen, um dort einen Haufen herrenloser Knechte anzuwerben, die er nach Dänemark führen wollte, um den in Kopenhagen belagerten Herzog Albrecht von Mecklenburg zu entsetzen. Auf dem Wege dorthin aber ward er, vermutlich mit der geheimen Zustimmung Lübecks, vom Erzbischof

Die Geschichte der Stadt

Christoph von Bremen verhaftet und dessen Bruder, Herzog Heinrich dem Jüngeren von Braunschweig, einem offenen Feinde des Luthertums, überliefert, welcher ihn in Steinbrück bei Wolfenbüttel in die Gefangenschaft brachte. Der Herzog spannte ihn zu wiederholten Malen auf die Folter und ließ ihn am 29. September 1537 mit dem Schwerte hinrichten; sein Leichnam wurde geviertelt und aufs Rad gelegt.

Anderhalb Jahre vorher, am 14. Februar 1536, hatte Lübeck mit Dänemark Frieden geschlossen. Der König bestätigte die alten Privilegien der Stadt, versprach den Lübeckern darüber eine Urkunde, die aber erst 1547 einlief, und auch dann nur in unzureichender, ganz allgemein gehaltener Form abgefaßt war. Noch schwieriger aber gestaltete sich Lübecks Verhältnis zu Schweden. Durch Vermittlung Christians III. war wieder eine Verbindung angeknüpft, und Gustav Wasa bewilligte zum Ausgleich alter Geldforderungen Lübecks 1537 den Lübeckern für die nächsten fünf Jahre zollfreie Einfuhr für Güter, die Eigentum Lübecker Bürger waren. Nach Ablauf dieses Vertrages wurde den Lübeckern Zollfreiheit in den vier Haupthäfen des Reiches gewährt. Als Lübeck aber nach Festlegung dieses Vertrages auf seine alten Forderungen zurückkam, verbot Gustav Wasa 1548 den Schweden allen Verkehr mit Lübeck. Doch dieses Verbot hob Gustav Wasa noch selbst wieder auf. Zwei Jahre vor seinem Tode, im Jahre 1560, eroberten die Russen Narwa, wohin Lübeck damals einen ausgedehnten und gewinnreichen Handel unterhielt. Als ein Jahr darauf Esthland sich freiwillig unter schwedische Herrschaft stellte, forderte Wasas Sohn und Nachfolger von Lübeck, daß es jede Verbindung mit Narwa löse

Die Geschichte der Stadt

und seinen Handel von dort nach Reval verlege. Lübeck wies dieses Ansinnen zurück. Diese Weigerung veranlaßte Erich XIV., den vorwärtssteuernden Schiffen Lübecks in der Ostsee aufzupassen und sie gefangen zu nehmen.

So kam es noch einmal zu einem Kriege mit Schweden. Für diesen Krieg gewann Lübeck einen Bundesgenossen in Friedrich II., dem König von Dänemark, der mit Erich XIV. zerfiel, weil Erich die Ansprüche an die Wiederaufrichtung der Kalmarischen Union nicht aufgeben und das dänische Wappen nicht ablegen wollte. Sieben Jahre lang währte dieser Krieg. Lübecks Bürger unterstützten den Rat durch Geldmittel, und einige reich gewordene Kaufleute ließen auf ihre Kosten Schiffe bauen und Geschütze gießen. Mehrere Seeschlachten wurden ausgefochten; 1564 zwischen Gothland und Oesel eine, im folgenden Jahre eine zwischen Rügen und Bornholm; beide wurden rühmlich von den Lübeckern bestanden. Im Jahre 1566 aber erlitt Lübeck das schwere Unglück, daß fast seine ganze Kriegsflotte durch einen furchtbaren Sturm bei Gothland vernichtet wurde; Bartholomäus Tienappel, Lübecks Flottenführer, fand bei diesem Unglück den Tod in den Wellen. Doch Lübeck verlor durch dieses Unglück nicht den Mut. Sofort wurde eine neue Flotte ausgerüstet. Zwei neue große Admiralsschiffe, ein lübisches und ein dänisches, wurden auf der Lübecker Werft in Arbeit gegeben. Jedes zu 800 Last; das lübische maß nach Redens Chronik 109 lübische Ellen in der Länge und 26 Ellen in der Breite, wurde mit 8 vierzigpfündigen, 6 zwanzigpfündigen Karthaunen, 26 Feldschlangen, 46 halben Schlangen, 8 Viertelschlangen und 28 eisernen Mörsern ausgestattet

Lübecker Meister um 1518. Altarschrank
in der Briefkapelle der Marienkirche

und erhielt nahezu 1000 Mann Besatzung. Im Jahre 1568 segelten diese beiden Admiralsschiffe an der Spitze einer stattlichen Flotte in die Ostsee hinaus und bedrohten Reval und Esthland. Inzwischen versuchte Kaiser Maximilian II. den Frieden zwischen Lübeck, Dänemark und Schweden zu vermitteln. Die Verhandlungen hatten aber erst nach Erichs XIV. Tode Erfolg. 1570 wurde zu Stettin der Friede geschlossen. König Johann von Schweden gab den Lübeckern die Fahrt und den Handel nach Narwa wieder frei und verpflichtete sich zur Zahlung einer Kriegsentschädigung von 75000 Talern. Moralisch hatte Lübeck nun zwar gesiegt; aber die Stadt hatte unter diesem langwierigen, schwierigen und kostspieligen Kriege so unsäglich gelitten, daß sie zu einer Kriegsführung nicht ein einzigesmal mehr die Kraft gefunden hat. Johann nutzte Lübecks Schwäche, indem er immer weiter Lübecker Kauffahrteischiffe belästigte und auch seinen Zahlungsverpflichtungen nicht nachkam.

Während die nun folgende Friedenszeit vielen deutschen Städten zum Segen gereichte, sank die Bedeutung des Hansabundes immer tiefer. Die Verluste, welche das Reich an Ansehen und Gebiet erlitt — im Westen lösten die Niederlande sich los, im Osten ging der Staat des Deutschen Ordens zugrunde — betrafen die Hansastädte zwar nicht direkt, aber ihr Handel konnte nicht mehr so stark und zuverlässig geschützt werden wie früher. Durch die Entdeckung der Seewege erlitt Lübeck besonderen Schaden. Zwar suchte Lübeck die neuen Aussichten auch für sich gewinnbringend auszunutzen, indem es in Spanien und Portugal Handelsprivilegien nachsuchte; aber es lag in der Natur der

Verhältnisse doch allzusehr begründet, daß es jetzt rasch von Hamburg und Bremen überflügelt wurde. Zwar behauptet von Höveln in seiner Chronik, daß in den Jahren 1580—1592 jährlich 400—500 Schiffe seewärts gegangen seien und der Verkehr nach Spanien ebenso lebhaft gewesen wäre wie der nach Narwa; aber Lübeck sank doch mehr und mehr auf eine Durchgangsstation zwischen dem überseeischen und nordischen Handel herab; während Amsterdam und die englischen Handelsstädte emporblühten. Es ist wohl kaum richtig, wie von Höveln in seiner Chronik schreibt, daß die Hansa durch Untreue und Eigennutz einzelner Städte zugrunde ging, sondern sie hatte sich einfach überlebt, ihre Zeit war abgelaufen. Auch fehlte es Lübeck jetzt sowohl an Geldmitteln wie an energischem und großzügigem Unternehmungsgeist, um sich in den Wandlungen der neuen Zeit auf der früheren Höhe zu erhalten. Dazu kam, daß sich gegen Ende des Jahrhunderts Mißhelligkeiten zwischen dem Rat und der Bürgerschaft einstellten, die schließlich zu einer Teilnahme der Bürgerschaft an der Verwaltung führten. Nach Beendigung dieser inneren Zerwürfnisse wurden einige notwendige Verbesserungen in Angriff genommen. Der Hafen, der zu verschlammen drohte, wurde gereinigt und vertieft und die Festungswälle, Mauern und Tore der Stadt vervollständigt und ausgebaut. Heinrich Brokes, einer der letzten bedeutenden Staatsmänner Lübecks, hielt während dieser Zeit das Ansehen der Hansastadt nach außen hin aufrecht.

Im Jahre 1625 wurde Lübeck auch in den Dreißigjährigen Krieg verwickelt, als Graf Ernst von Mansfeld nach den unglücklichen Kämpfen gegen Wallenstein und Tilly bei Artlenberg über die Elbe ging, um in Lauenburg Winterquartiere zu nehmen. Ein großer Teil des angrenzenden Landes gehörte damals Lübeck, und der Rat ergriff anfangs energische Maßregeln, um sein Gebiet von Einquartierungen frei zu halten. Dazu fehlten ihm aber jetzt die Machtmittel; so mußte er sich im Laufe dieses unseligen Krieges zu wiederholten Malen derartige Einquartierungen gefallen lassen. Außerdem legte der Krieg den Bürgern Lübecks schwere Geldopfer auf durch den beschleunigten Ausbau der Festungswerke, die Anlage einer Zitadelle in Travemünde, die Unterhaltung einer zahlreichen Besatzung, die Zahlung von Kriegskontributionen und durch die häufige Absendung von Gesandtschaften. Die Stadt mußte Anleihen aufnehmen und geriet in beträchtliche Schulden. Die Bürgerschaft revidierte und verbesserte die ziemlich verwahrloste Finanzverwaltung und das System des Rates der Stadt. Der Rat sollte von jetzt ab aus zwanzig Personen bestehen, die für ihre Arbeit honoriert werden sollten: vier Bürgermeister (drei Rechtsgelehrte und ein Kaufmann) und 16 Senatoren (zwei Rechtsgelehrte und vierzehn Kaufleute).

Im Februar des Jahres 1630 wurde in Lübeck der letzte Hansatag in alter Weise abgehalten. Lübeck, Hamburg und Bremen schlossen damals unter sich ein Verteidigungsbündnis auf zehn Jahre, welches 1641 erneuert wurde und den alten Namen der Hansa nicht untergehen ließ; aber die bisher bestandene Vereinigung der See- und Binnenstädte des nördlichen Deutschland hörte gänzlich auf. Viele Städte hatten ausdrücklich ihren Austritt aus dem Bunde erklärt; andere wiederum zeigten sich dem Hansabunde gegenüber vollständig gleichgültig;

Die Geschichte der Stadt

dagegen blieb das Verhältnis zwischen den drei Städten Lübeck, Hamburg und Bremen für alle folgenden Zeiten hindurch immer ungetrübt. Obgleich Hamburg auch jetzt schon Lübeck in merkantiler Beziehung bedeutend übertraf und daher auch in dem Bunde größeren Einfluß ausübte, blieb dennoch die durch die Tradition geheiligte Stellung als Direktorialsenat dem Rate von Lübeck überlassen. Als einzelne Stadt dagegen konnte Lübeck seine Stellung nicht immer behaupten und mußte manchen Verlust an Gütern und Ländereien erdulden. Unter den Großkaufleuten, die Lübecks Ansehen im Auslande gegen Ende des Jahrhunderts nach der Auflösung des alten Hansabundes vertraten, ist Thomas Fredenhagen der bedeutendste gewesen. Ein Gedicht auf einer Glückwunschadresse von 1692 spricht von seiner Bedeutung als Großhändler:

„So sieht man seiner Schiff' und Lübecks Flaggen wehen
Bald in der Mittelsee, bald an Guineens Strand.
Daß nach Westindien gar Lubecas Güter gehen
Geschiehet meistenteils durch Friedenhagens Hand."

Aber auch nach dem Dreißigjährigen Krieg kam für Lübeck keine Zeit der Ruhe und des Friedens. 1700 entbrannte der Nordische Krieg, der 21 Jahre lang den Handel in der Ostsee beträchtlich lähmte. Dann endlich wurden die Zeiten auch für Lübeck wieder ruhiger, und allmählich hob sich von neuem der Wohlstand der Kaufleute und der Kleinbürger. Lübeck wurde wieder ein Stapelplatz für die Einfuhr nordischer Produkte und zugleich die Vermittlung für Hamburgs Handelsverbindungen mit dem Norden. Alte Verträge schützten die Straße zwischen beiden Städten gegen jede Zollerhebung. Infolge des lebhafteren Schiffsverkehr, der sich nun wieder entwickelte, blühte jetzt auch der Schiffsbau in Lübeck auf. Als im Jahre 1803 die Elbe von den Engländern blockiert wurde, wuchs Lübeck noch einmal für kurze Zeit zu beträchtlichem Ansehen. Doch das war nur vorübergehend; im allgemeinen sank Lübecks Bedeutung doch mehr und mehr auf eine Filialstellung Hamburg gegenüber herab; die großen Verkehrsadern des Welthandels berührten Lübeck nicht. Auch übte schon damals das hartnäckige Festhalten der Lübecker am Althergebrachten einen lähmenden Einfluß auf Lübecks Entwicklung aus. Die städtische Verwaltung, die Steuern, das Zoll- und Finanzwesen bewegten sich in unzeitgemäßen, altmodischen Formen, die die Nutznießung der Handelsgewinne wie den ganzen Aufschwung der Stadt behinderten; und niemand fand den Mut und die Kraft, durchgreifende Reformen einzuführen und durchzusetzen.

Als die Reichsdeputation von 1803 Lübeck beständige Neutralität versprach, faßte man den Entschluß, die Stadt zu entfestigen. Die Kanonen wurden verkauft und die Wälle abgetragen. Aber man war noch nicht weit damit gekommen, da erschienen auch im Norden Deutschlands napoleonische Truppen.

Nach der völligen Niederlage bei Jena wurde das preußische Heer gänzlich auseinandergesprengt. General Blücher sammelte die Fliehenden und brachte wieder ein Korps von ungefähr 25000 Mann zusammen, mit dem er durch die Provinz Uckermark in das neutrale Gebiet des Herzogtums Mecklenburg durchdrang. Blücher aber wurde von den Franzosen verfolgt und mußte sich vor ihrer Übermacht immer weiter zurückziehen, da er erklärt hatte, sich nicht ergeben zu wollen, solange noch ein Tropfen Blutes in seinen Adern wäre. Am 5. November erschien das ermattete und halbverhungerte Blüchersche Korps vor den Toren Lübecks. Trotz der eindringlichen Proteste der Lübecker Behörden zogen die Preußen sich noch am gleichen Abend, von den Franzosen unter den Marschällen Soult, Murat und Bernadotte verfolgt, in die Stadt selbst zurück. Am nächsten Tage eröffneten die Franzosen in aller Frühe das Bombardement auf die Stadt. Einer meiner Vorfahren hat über diese Lübecker Schreckenstage einen anschaulichen Bericht aufgesetzt, den ich im Auszug hier wiedergebe:

„Es mochte etwa 7 Uhr sein, da erwachte ich von einem heftigen Kanonendonner. Die Franzosen hatten sich während der Nacht der Stadt genähert und eröffneten schon, noch in der Morgendämmerung, ein heftiges Feuer auf die vorgeschobenen Preußen. In der Stadt entstand nun ein Gewühl und Treiben der preußischen Soldaten, Trommeln und Trompeten wirbelten durch alle Straßen, Kanonen dröhnten erschütternd, in Galopp nach allen Toren, überall stellte sich das Militär vor den Wohnungen der Offiziere auf und wurde hier- und dorthin dem Feinde entgegenbeordert. Aber auch selbst bei dieser Aufstellung und Musterung der Soldaten, wovon viele derselben schon in der nächsten Stunde von feindlichen Kugeln hingestreckt wurden, ruhete der Korporalsstock nicht. Gerade unter meinem Fenster hatte ich den traurigen Anblick, wie einer dieser unglücklichen Soldaten, wegen einer kleinen Unordnung an seines Königs schäbigen Uniform, bestraft wurde. In aller Ruhe wurde der lange, möglicherweise den Rücken schützende Haarzopf hier entfernt und seitwärts über die eine Schulter gelegt und auf des Unglücklichen so recht preisgegebenen Rücken unbarmherzig losgehauen.

Inzwischen wurden die Preußen immer mehr auf unsere Stadt zurückgedrängt, immer mehr naheten sich die Franzosen derselben. Der Kanonendonner kam immer näher, vorzüglich von der Seite des Burgtores, daher denn auch die Preußen nach der Seite auf dem Wall ihr Geschütz auffuhren und auf der Spitze des Walls gegen das Burgtor eine starke Batterie errichteten, womit sie die nach Israelsdorf und Wesloe führenden Alleen bestreichen konnten. Hier kommandierte der Herzog von Braunschweig-Oels. In der engen Hollsteinstraße, durch die der Zug nach dem Walle ging, war ein fürchterlicher Tumult. In schneller Eile rasselten die Kanonen hintereinander, aber der Zug mußte oft Halt machen, denn hier brach das Rad eines Fouragewagens, dort stürzte ein Pferd. Schnell eilte man herbei, das eine und andere auf die Seite dicht vor die Türen der Häuser zu werfen, und der Zug ging weiter; bis ein gleiches Hindernis in den Weg trat und wieder beiseite geschafft worden, wo denn manche Häuser durch diese Trümmer förmlich verrammelt waren. Ein wahres Bild der Zerstörung bot diese Straße. Ein trüber Novembertag sahe mit seinem feuchten, düstern Blick auf das Ganze hernieder und stimmte unsere Herzen nun noch mutloser und bildete einen krassen Gegensatz zu den heitern, schönen Herbsttagen, welcher wir uns bis dahin erfreuet hatten. Der zwar nicht sehr starke Regen an diesem Tage hatte bei dem vielen Fahren und Treiben auf den Straßen einen so tiefen Kot verursacht, wovon man keinen Begriff hat, namentlich in der Hollsteinstraße kam man bis über die Knöchel hinein.

Die Preußen zogen sich nun langsam in die Straßen zurück, verteidigten diese aufs hartnäckigste. Die tapfern preußischen Jäger warfen sich, um nicht aufeinander zu schießen, in die Häuser der einen Straßenseite, und machten so auf die Franzosen ein mörderisches Feuer. Dennoch drangen die Franzosen durch die Breite Straße bis oberhalb der Mengstraße. Hier mußten diese aber nochmal und zuletzt der Anstrengung der Preußen weichen, sie wurden bis auf den Kaufberg zurückgeschlagen. Jetzt aber war das Armeekorps des General Soult ins Mühlentor gedrungen, und die Preußen sahen sich von zwei Seiten angegriffen und mußten aus der Stadt zu weichen suchen. Ein mörderlicher Kampf verbreitete sich nun in allen Straßen, es war ein wirkliches Morden, denn man kam sich so nahe, daß man sich das Gewehr auf die Brust setzen konnte. Jeder Vorsprung eines Hauses oder Schauer wurde zum Verteidigungspunkt genommen und daraus geschossen. Aus einem Zimmer, in der ersten Etage des genannten Hauses der Madame Hornemann Nr. 927, sahen wir dem Gefechte auf dem Klingberge zu, bald war dieser gedrängt mit fechtenden Soldaten angefüllt, bald hatte sich wieder alles hierhin und dorthin verlaufen und nach fürchterlichem Toben und Schießen trat wieder eine augenblickliche stille Pause ein, wo auf der Straße, soweit unsere Blicke reichten, kein lebendes Wesen sichtbar war, plötzlich aber erneuerte sich die Kriegsszene vor unsern Augen. Unter all diesen Grausen brachte mich die Art, wie ein preußischer Soldat sein Leben zu fristen suchte, doch zum Lachen. Es war gerade einen Augenblick der

Lübecker Meister um 1480.
Kreuzigung im Südarschiff der Marienkirche

Klingenberg ganz leer und öde, da kam dieser wahrscheinlich aus einem andern, nicht mehr sichern Versteck eiligst angelaufen, blickte nach allen Seiten listig wie ein furchtsamer Hase umher, aber den Feind in seiner Nähe witternd, warf er sein Schießgewehr weit von sich, sich selbst aber, gegen unserm Fenster grade über, vor dem Hause des mehrgedachten Liebolds, auf den Rücken, Arme und Beine, wie eine Leiche, hingestreckt. In dieser Stellung ließ er die Fechtenden an sich vorüberziehen, wie es aber wieder ruhig war, sprang er gesund und munter wieder auf und entfernte sich ebenso listig nach der Seite, von wo der Feind gekommen war.

Nun ward uns auf dem Klingberge kein fernerer Kampf der Preußen sichtbar. Vom Mühlentore her drangen die Franzosen in immer dichteren Reihen in die Stadt. Die Preußen flüchteten eiligst zum Hollsteintor hinaus, wobei viele zu Gefangenen gemacht wurden. Wie wir nun keine Preußen mehr sahen und das Schießen aufhörte, hofften wir, die Gefahr sei auch für uns nun vorüber, allein wir hatten uns schrecklich getäuscht. An der Spitze einer Armee, die bestimmt ist, einen hartnäckig verteidigten Platz zu nehmen, befinden sich in der Regel die tapfersten, aber auch die ruchlosesten Soldaten. Diese zogen jetzt in unsere Stadt ein, auch machte der Anblick dieser von Pulver und Schmutz besudelten, in grauen Capots gehüllten Menschen keinen tröstlichen Eindruck auf die schon verzagten Gemüter der Bewohner, und was ihr Ansehen nur schon ahnen ließ, davon gaben sie uns sogleich dicht unter unserm Fenster eine gräßliche Probe. Ein preußischer Husar, völlig entwaffnet, selbst ohne Kopfbedeckung, stand auf der Kellerluke des Hauses auf dem Klingberg an einen Baum, der damals sich noch vor dem Hause befand, gelehnt, und sahe die Franzosen vorüberziehen, als plötzlich einer dieser Grausamen aus den Reihen hervorsprang und diesen Wehrlosen mit drei Bajonettstichen durchstach. Mit Abscheu wandten wir unsere Blicke von dieser schrecklichen Szene. Die Züge von Infanterie und Kavallerie konnten wegen großem Gedränge nicht fort und machten vor unserm Hause Halt, die lagerten sich auf den Straßen vor den Häusern umher. Da kamen fünf derselben an unsere Haustüre, türe, die verschlossen war, und pochten heftig gegen diese, wir gingen hinunter, und da das Pochen nicht aufhörte, waren wir gezwungen zu öffnen. Die fünf drangen sogleich ins Haus und schlossen hinter sich die Türe. Sehr höflich baten sie für ihre ermatteten Offiziere, die sich vor dem Hause befanden, um Weißbrot und Wein. Beides ward ihnen sogleich reichlich gegeben. Man hoffte nun, diese unangenehmen Gäste wieder abziehen zu sehen, statt dessen lagerten sich diese bequem auf der Diele, legten Gewehre und Tornister beiseite und verzehrten selbst Brot und Wein. Der in Hast genossene Wein aber stieg ihnen sogleich in die Köpfe, beraubte ihnen die Vernunft, und nun fingen sie an zu wüten. Ihre Forderungen nach Essen, Trinken, Kleider, Geld usw. folgten schnell aufeinander und waren nicht mehr zu befriedigen. Wir leerten unsere Taschen, womit wir sie zu beruhigen glaubten, aber sie lachten über das wenige und droheten uns mit ihren Seitengewehren, wenn wir nicht sogleich mehr herbeischaffen würden, dabei machten sie Miene, die auf der Diele liegenden Packen mit feinen Stoffen zu öffnen. Um ihre Forderungen nach Geld zu befriedigen, mußte einer von uns in ein oberes Zimmer bei der Kasse gehen, sie aber wichen uns nicht von der Seite und wurde die Kasse in ihrer Gegenwart geöffnet, so war auch der ganze beträchtliche Inhalt nicht zu retten. Unter den fürchterlichsten Drohungen und Flüchen unserer Peiniger zögerten wir noch immer, zur Kasse zu gehen, da, aufs äußerste gedrängt und von einem der gräßlichen Menschen erfaßt, der ihm die Uhr aus der Tasche ziehen wollte, näherte sich Herr Behn der Haustüre, sprang auf die Straße, ergriff den Arm eines Offiziers, und zog ihn fast mit Gewalt ins Haus. Der Offizier machte den trunkenen Soldaten über ihr Verhalten die heftigsten Vorwürfe, zog den Degen und drohete, sie zum Hause hinauszutreiben. Einer aber von ihnen suchte sich hinter Kisten und Tonnen zu verbergen und die Treppe hinaufzuschleichen. Das gezogene Seitengewehr in der Hand, befand er sich schon auf dieser, da ward ihn Herr Behn gewahr, verfolgte und erreichte ihn, und warf den Betrunkenen die Treppe hinunter, hier empfing ihn der Offizier und trieb ihn vollends zum Hause hinaus. Der zurückgelassene Tornister ward ihm auf die Straße nachgeworfen. Mit dem wohlgemeinten Rate, die Türe zu verschließen und nicht zu öffnen, entfernte sich auch der Offizier wieder sogleich. Auch ich benutzte die Gelegenheit, das Haus zu verlassen, denn das Schicksal meiner Eltern und die Sorge um sie, wie es ihnen in dieser Schreckenszeit ergangen sei, erfüllte mein Herz mit Angst und Besorgnis. Mein erster Blick auf der Straße war nach der Stelle, wo der unglückliche Preuße gefallen war, sie war leer, aber die Kellerluke mit seinem Blute gefärbt. Vor der Türe der Ratswache fand ich Überbleibsel unserer glorreichen

Lübecker Grenadiere, die an dem Tage zwar die Wache besetzt hatten, jetzt aber nicht zu finden waren, ob sie sich hatten ablösen lassen oder bei der drohenden Gefahr selbst den Weg in ihre friedlichen Wohnungen gesucht hatten, ist nicht entschieden, jedenfalls geschahe es im größten Inkognito, denn ich sahe von ihnen Uniformen (diese waren rot mit weißen Aufschlägen), die gleichfalls roten, spitzen, turmartigen Mützen, vorne mit einem blanken lübschen Adler aus Messingblech, und andere zu ihrem kriegerischen Schmuck gehörenden Sachen von ihnen im Stiche gelassen und hier in den Kot getreten. Kurz, sie waren fort, und von diesem für Lübeck so verhängsnisvollem Tage an sind auch unsere so martialischen Grenadiere nicht wieder erschienen, obwohl sie nicht getötet oder gefangen waren, keins der teuren Häupter ging auf diese Weise verloren. Einen noch größeren Schmuck unseres militärischen Lübecks raubte uns auch dieser grausame Tag. Es waren unsere tapfern Verteidiger der Befestigungen Lübecks. Die Verteidigung derselben wurde, was doch keine Kleinigkeit ist, bei der Nacht wahrgenommen, wo doch jeder gerne seine Ruhe hat. Die ehrenfesten Männer bezogen mit der Dämmerung unsere Wälle, wo es dann schwer war, den kleinen bescheidenen Zug gewahr zu werden. Er bestand aus 8—10 Mann, einem Tambour und an der Spitze einem rüstigen Korporal. Dieser trug einen langen Speer oder Sponton, welcher, oben mit einem eisernen Kreuz beschlagen, eine gar gefährliche Waffe war, und gehandhabt von einem Manne, der keineswegs mehr in den Kinderjahren stand, auch übrigens mit Festigkeit, nur mit einem Beine ein ganz wenig zu kurz auftrat, dabei gefolgt von einer Anzahl der auserlesensten, kleinen, in dunklen, bequemen Oberröcken Gekleideten, die Abzeichnungen daran waren nicht mehr genau zu erkennen, waren aber auch dunkelblau gewesen, und mit ihrer Uniform im gleichen Alter sich befindenden Kerle, mit kleinen, dreieckten Hüten, jeder mit einer Flinte von altem Schrote und Korn bewaffnet, ob aber jede Flinte einen Hahn, oder wenn diesen einen Stein darauf hatte, das ward nicht ermittelt, denn wozu waren Hahn und Stein nötig, wenn kein Pulver da war, und wo das Pulver hintun, da die Patronentaschen fehlten, sie konnten es doch nicht zu der Tabakspfeife und anderen auf einem solchen Zuge höchst nötigen Sachen stecken, daher ward lieber das Pulver und die überflüssigen Sachen an den Flinten weggelassen. Dennoch hatten wir das volle Vertrauen zu diesen tapfern Verteidigern unserer Festung, und viele liebe Nächte haben Lübecks Bewohner ruhig unter ihrem Schutze geschlafen, wenn man auch nicht gerade wußte, wovor sie uns schützen konnten. Unsere Jugend, die immer sehr naseweiß gewesen, nannte sie „Poggenschießer", ich habe es aber nie gesehen, ob sie auf den Wällen einen solchen Feind zu bekämpfen hatten. Großes Vergnügen fanden unsere Jungens an dem Aufmarschieren dieser wehrhaften Männer, denn sie wurden fast immer von einem großen Schwarm derselben begleitet. Sehr spaßhaft war es zuzusehen, wie dieses Korps in der Hollstenstraße sich auf Augenblicke förmlich auflöste, denn der eine ging hier in das Haus eines Kerzengießers, um ein Nachtlicht zu kaufen und mit auf den Wall zu nehmen, ein anderer dort in einen Tabaksladen, Rauchtabak zu kaufen, um damit die Wachstube zu parfümieren, denn sie kauften vom besten Knaller, das

Viertelpfund zu einem Schilling. Ein dritter sorgte für die Abendtafel und kaufte bei einem Höker Schmalz, ein Stückchen Sülz oder eine Knackwurst in der Form eines Regenwurmes, kurz, das Korps war auf einen Augenblick verschwunden und dessen Korporal, um sich nicht zuweit von seinen Leuten zu trennen, näherte sich langsam im Paradeschritt, die muntere Jugend hinter sich, der Holstenbrücke, während seine Leute sich im geschwinden Schritt ihm wieder anzuschließen trachteten. Doch ich habe mich schon zu lange vor der Türe der Rathauswache verweilt, kann auch versichern, daß mich die Reflektionen über das sogenannte „Korps der Poggenschießer" solange damals nicht verweilen ließen, ich drang, so schnell ich nur konnte, durch die gedrängten Reihen, um bald meiner Eltern Haus zu erreichen, denn schon neigte sich der blutige Tag, und Dämmerung fing an, die schrecklichen Szenen desselben zu verschleiern."

Die Stadt litt entsetzlich durch die dreitägige Plünderung der französischen Soldaten. Der Handel stockte gänzlich, da Lübeck auf Napoleons Befehl die Kontinentalsperre einhalten mußte. Die Lübecker Schiffe wurden abgetakelt, und der ausländische Schiffsverkehr sank von 1508 Schiffen im Jahre 1806 auf 389, auf 51, 86 und 78 Schiffe in den nächstfolgenden Jahren herab. Für Ernährung und Bekleidung der französischen Truppen, für die Einrichtung und Instandhaltung von Hospitälern mußten die Lübecker ungeheure Summen aufbringen. Das Dekret vom 10. Dezember 1810 machte der Selbständigkeit der Hansastädte ein Ende, als Norddeutschland dem französischen Kaiserreich einverleibt wurde. Napoleon bildete ein Departement der Elbmündung, setzte in Hamburg einen Präfekt und in

Die Geschichte der Stadt

Lübeck einen Unterpräfekt ein und wandelte die Verwaltung Lübecks nach französischem Muster um. Das alte Lübecker Recht verlor seine Gültigkeit. Der Senat wurde aufgelöst und an seine Stelle ein Munizipalrat ernannt. Auch die übrigen Beamten wurden entlassen und Justiz und Administation getrennt verwaltet. Die französischen Steuern, Grundsteuer, Personal- und Mobiliarsteuer, Tür- und Fenstersteuer nebst anderen Abgaben wurden eingeführt. Auf die alten Gläubiger der Stadt nahm die neue Regierung keinerlei Rücksicht. Ein Standesamt wurde eingeführt und die Eheschließung ein Zivilakt, der die kirchliche Trauung vorangehen mußte. Kaum aber hatte man sich in diese neuen Verwaltungssysteme eingelebt, mußten die französischen Behörden im März 1813 infolge des Vordringens der russischen Armee die Stadt verlassen, und der Senat wurde wieder eingesetzt. Aber dieses Mal war die Befreiung noch nicht von langer Dauer. Drei Monate später rückten dänische Truppen, die mit Napoleon im Bunde waren, in die Stadt ein, und kurze Zeit darauf ergriffen die Franzosen selbst wieder Besitz von der Stadt. Lübeck mußte unter der harten Fremdherrschaft noch einmal furchtbare Monate durchleben. Von diesen schrecklichen Zeiten, in denen die Stadt ausgesogen und grausam gequält wurde, hat die Lübecker Schriftstellerin Amalie Evers in dem Roman „Auch ein Franzose" ein lebendiges Bild entworfen. Erst mehrere Monate nach der Schlacht bei Leipzig wurde Lübeck von dem Joch der Fremdherrschaft befreit. Am 5. Dezember zog der frühere französische Marschall Bernadotte, der 1810 vom schwedischen Reichsrat zum Kronprinz ernannt worden war, als Befreier in Lübeck ein. Jubelnd wurde er vom Volke begrüßt, um so begeisterter, da er der Stadt sofort ihre Selbständigkeit zusicherte. Nun wurde der Senat wieder eingesetzt und die alte Verfassung wieder eingeführt. In dem Freudenrausch übersah man, daß vieles innerhalb der alten Verfassung verbesserungsbedürftig war, daß es gut gewesen wäre, mancherlei aus der französischen Verwaltung in die neue lübische Verwaltung hinüberzunehmen. Aber zu Verfassungsreformen war jetzt die Zeit nicht günstig. Zuerst galt es, den Feind über den Rhein wieder hinüberzudrängen. Eine hanseatische Legion wurde in Lübeck gebildet, zu deren Ausbildung der König von Preußen einen Offizier schickte. Als endlich der Friede geschlossen wurde, erhielt von der Kriegsentschädigung auch Lübeck zwei Millionen Mark. Viel war das nicht im Verhältnis zu dem, was die Stadt geopfert und was ihr geraubt worden war; denn die finanzielle Lage Lübecks nach dem Kriege war trostlos. Die Stadt war verarmt und überschuldet. Viele Gebäude, Gärten und Ländereien waren vollständig zerstört. Der Handel stockte gänzlich und belebte sich erst ganz allmählich wieder. Unter den Nachwehen des Krieges hat Lübeck noch fast drei Jahrzehnte gelitten, so schwere Wunden hatte es davongetragen. Um 1830 machte die Stadt gegen früher einen kleinen, stillen und schwachen Eindruck. Dann aber zeigte sich von neuem die Begabung der Lübecker für den Handel, der Wohlstand der Großkaufleute mehrte sich wieder, und es entfaltete sich in den ersten Patrizierkreisen der Stadt jenes behagliche Wohlleben, das Thomas Mann in den Buddenbrooks breit und farbig geschildert hat. Die deutsche Revolution von 1848 spiegelte sich in

Johann Kemmer. König Olav mit Johannes
und Matthäus auf dem Olavaltar der Marienkirche

Die Geschichte der Stadt

Lübeck am 11. März in einem unbeträchtlichen Volksauflauf wider, der aber doch zu einer Verfassungsreform führte. Der Senat wurde auf 20 Mitglieder festgesetzt, an dessen Spitze ein Bürgermeister steht. Das Lübecker Parlament, die Bürgerschaft, besteht seit dieser Zeit aus 120 Mitgliedern. Inzwischen hatten Hamburg und Bremen Lübeck weit überflügelt und auch Kiel und Stettin machten Lübeck heftige Konkurrenz. Es wurde dem kleinen Lübecker Freistaat immer schwerer, sich zu behaupten. Preußen wuchs, wurde groß und mächtig und unterstützte mit außerordentlich reichen Mitteln seine aufstrebenden Seestädte Kiel und Stettin, Lübecks hauptsächlichste Konkurrenten. Vielleicht wäre Lübeck jetzt rascher und glücklicher aufgeblüht, wenn es seine Selbständigkeit aufgegeben hätte und preußisch geworden wäre. Das ist nicht nur möglich, das ist wahrscheinlich. Und darum belächeln vor allem diejenigen, die den europäischen Staatenbund schon nahe sehen, Lübecks verbissenen Stolz auf seine Unabhängigkeit. Aber wird dieser Stolz der Lübecker nicht erklärlich, ja begreiflich und achtenswert, wenn wir die Geschichte dieses Freistaates durch den Lauf der Jahrhunderte zurückverfolgen? Werden dieser Stolz und dieser Wille zur Unabhängigkeit nicht Pflicht angesichts einer so ruhmreichen Vergangenheit? Und wie die Lübecker sich ihre Unabhängigkeit heute erhalten, verdient mit allergrößter Hochachtung anerkannt und hervorgehoben zu werden. Die Stadt ist nicht reich und hat nicht über allzuviele Mittel zu verfügen. Aber ihre Bürger sind von einer unermüdlichen, fieberhaften Arbeitsamkeit. Die meisten Verwaltungsämter sind Ehrenämter und müssen von den Bürgern nach des Tages Last und Mühen in späten Abendstunden erledigt werden. Das will in unserer Zeit viel bedeuten; lange wird es ja in dieser Weise nicht mehr so weitergehen können; denn mancher ist im Laufe der Zeit unter der drückenden Arbeitslast zusammengebrochen. Aber davon wird nicht viel Aufhebens gemacht. Zum Gedeihen und zum Ruhme ihrer Handelsstadt bringen die Bürger willig jedes Opfer. Der Stolz lehrt den Lübecker das als selbstverständliche Pflicht. Der Stolz auf ihre Vaterstadt lehrt die Lübecker mit eiserner Zähigkeit arbeiten. Es ist zu bedauern, daß trotz dieser gewaltigen Anstrengungen, die Lübeck in den letzten Jahrzehnten gemacht hat, die Erfolge nicht so erfreulich sind, wie es diese unermüdlichen Arbeiter verdienen. Aber die Verhältnisse haben sich für Lübeck auch fast immer ungünstiger gestaltet. Um eine Eisenbahn zu bauen, hatte der kleine Freistaat zu wiederholten Malen nötig, von zwei oder drei angrenzenden Ländern die Konzession einzuholen, weil die Eisenbahn verschiedener Herren Länder durchschneiden mußte. Und mancher Nachbar hat's gern gesehen, wenn Lübeck einmal wieder mit Schwierigkeiten zu kämpfen hatte. Aber dank der Ausdauer und Zähigkeit der Lübecker Regierung hat die Stadt in allen diesen Schwierigkeiten obgesiegt. Allerdings brachten diese langwierigen Schwierigkeiten es mit sich, daß Lübeck sehr häufig hinterherhinken mußte. Im Eisenbahn- und im Kanalbau fehlte es in Lübeck nicht an Initiative und nicht an gutem und großem Willen, aber die lieben Nachbarn hinderten Lübeck oft an der Ausführung seiner Pläne. So erklärt sich, daß die erste Eisenbahn von Lübeck nach Büchen erst 1851, die Bahn von Lübeck nach Hamburg erst 1865 und der

Elbe-Trave-Kanal, Lübecks Schmerzenskind, erst 1900 eröffnet werden konnte, mehrere Jahrzehnte zu spät, um sich sofort so rentabel zu erweisen, wie die großen Opfer, die er den Bürgern gekostet hatte, es verlangten. Der Kampf, den Lübeck um seine Existenz führt, hat etwas Tragisches, etwas tief Ergreifendes. In wenigen Städten wird so aufopferungsvoll und mit solcher Begeisterung gearbeitet wie in Lübeck. Manche altangesehene Familie ist in diesem grausamen Kampf um die Existenz zusammengebrochen. Aber sofort treten dann die Verwandten herzu, stützen den Fallenden, tragen den Schaden mit, und es wird still und unverzagt weitergearbeitet. Darin liegt Größe. Die Größe wird tragisch dadurch, daß die Ernte der Arbeit immer noch nicht reich, zuweilen sogar nur spärlich ist; und daß trotzdem niemand auch nur für eine Weile den Mut verliert. Die Stadt will in die Höhe kommen. Es ist möglich, daß dieser verzweifelte Kampf um die Macht, dieser heldenhafte Ehrgeiz ihr das Leben kostet, daß sie unterliegt; es ist aber auch möglich, daß dieser schöne und groß geführte Kampf sie einst mit einem reichen und ehrlich verdienten Erfolg vergoldet. Jetzt ist der Handel ein wenig in Fluß gekommen; er hebt sich, und es scheint sich alles zum Guten zu wenden; sofort werden die erworbenen Tausende wieder in ein neues und großes Unternehmen hineingesteckt. Im Jahre 1906 wurde an der Trave in der Mitte zwischen Lübeck und Ostsee mit Lübecker Kapital ein großartiges Hochofenwerk begründet: und es siedelte sich daneben ein Großindustrieviertel an, das sich immer weiter ausdehnt. Hier scheinen die vielen gewagten Millionen rasche Früchte zu tragen. Aber auch das größte dieſer Unternehmen wurde ſofort von Feinden und Neidern umlauert, und wieder hat Lübeck neue Exiſtenzkämpfe auszufecht n. Doch das Schickſal, das der Stadt in den letzten entſcheidenden Momenten immer noch günſtig war, wird der Stadt auch dieſe Kämpfe beſtehen helfen und Lübeck wird durch die Induſtrie eine neue und breitere Baſis finden, auf der es ſeine geiſtige Kultur weiter ausbauen kann. Dadurch, daß viele Rentner ſich in den letzten Jahren in Lübeck niedergelaſſen haben, es ſich immer mehr zu einem zweiten Wiesbaden entwickelt, gewinnt Lübeck nicht nur ein neues Publikum für kulturelle Beſtrebungen, ſondern auch neue Steuerzahler, die den Staatsſäckel der Stadt mehren helfen und dem Staat die Ausführung ſeiner kulturellen Beſtrebungen erleichtern.

Die Kultur und die Künste in Lübeck bis 1806.

Ja — Lübeck war in alter Zeit nicht nur das mächtige Haupt des Hansabundes, die freie Reichsstadt; es war auch eine Kunststadt. Doch dieses Kapitel verdient leider die Überschrift: „Es war einmal"; denn es ist recht lange her, daß die Künste in Lübeck blühten, so lange her, daß man wenigstens ein Jahrhundert lang überhaupt vollständig vergessen hatte, daß in Lübeck die Künste nicht nur sehr geschätzt waren, sondern das Lübecks Bürger selbst sich auch vielfach mit den Künsten beschäftigt hatten.

Die Lübecker Architektur galt als niederländisch, die Gemälde und Skulpturen als niederländische, französische oder italienische Arbeiten, die Lübecker Goldschmiedekunst als Augsburger Arbeit. Erst die moderne Kunst- und Kulturforschung und die Lübecker Lokalforschung haben in den letzten beiden Jahrzehnten diese Irrtümer zerstreut und manchen Lübecker Künstlernamen wieder ans Licht gezogen. Im Jahre 1889 schrieb der verdienstvolle Lübecker Forscher Theodor Hach: „Ganz allmählich erst macht sich die Erkenntnis geltend, daß das bisherige Vorurteil gegen die norddeutsche Kunst nicht wohl begründet sei, daß es lohnend sein wird, den Spuren jener

Kunst gründlicher nachzuforschen. Von dem Zeitpunkt solcher Erkenntnis an wird jetzt eifrig nach den Mittelpunkten jener überaus reichen, künstlerischen Tätigkeit gesucht, und man beginnt als einen solchen Mittelpunkt endlich auch diejenige Stadt zu erkennen, die jahrhundertelang durch Reichtum, Einfluß und Klugheit ihrer Bürger an der Spitze des mächtigen Hansabundes gestanden hat."

Inzwischen haben neben Theodor Hach einige bedeutende Forscher weitergearbeitet; Paul Haße, F. Bruns, Regierungsbaumeister Schaumann haben in verdienstvollen Einzelstudien wertvolle Beiträge zur Lübecker Kunstgeschichte geliefert. Adolf Goldschmidt in Halle stellte vor 16 Jahren zum ersten Male eine Geschichte Lübecker Malerei und Plastik bis zur Reformation zusammen, die, wenn sie auch nur ein Versuch war, doch der gesamten Forschung Richtung und Ziel wies. Die Musik- und Theatergeschichte der Stadt ist in ausführlicher Weise von Carl Stiehl unter Berücksichtigung aller vorhandenen Dokumente behandelt worden. Vor zwei Jahren ist auch der erste Band der Inventarisation der Kunstdenkmäler im Lübecker Staatsgebiet erschienen. Da aber bis heute weder die preußischen noch die Hamburger und Lübecker Inventarisationsarbeiten zum Abschluß gelangt sind, läßt sich jetzt natürlich noch nicht ein vollständiges Bild der Kunstentwicklung in Lübeck geben.

Soviel aber ist inzwischen klar geworden, daß die Ostseeländer im Mittelalter ein ganz eigenes und sehr reiches Kulturleben hatten, daß bis zur Einführung der Reformation die Kunsttätigkeit in diesen Ländern außerordentlich fruchtbar war. Ein Mittelpunkt dieser Bezirke war Lübeck als Vermittlungszentrale des deutschen Südens und Westens mit dem Nordosten. In der Kunst spielte es die gleiche Rolle. „Die großartigen Handelsverbindungen", schreibt Goldschmidt, „wirkten auch auf das innere Leben, auf das Gemüt der Bevölkerung. Der Blick wurde erweitert, Sitten und Gebräuche fremder Länder bereicherten zugleich mit den Produkten derselben ihre Kenntnisse, und die Beschränkung eines abgeschlossenen Lokallebens wich bald den freieren Anschauungen, die ein erweiterter Gesichtskreis mit sich brachte. Die Vorstellung einer ausgedehnten Welt, wie sie bei den Küstenbewohnern viel stärker ausgeprägt wird als bei den Binnenländern, die beständigen Gefahren und Abenteuer, welche sie selbst auf ihren Fahrten erlebten oder welche ihnen berichtet wurden, der Anblick der verschiedensten Nationen in und außerhalb Lübecks werden dazu beigetragen haben, verhältnismäßig früh und allgemein eine gewisse Selbständigkeit auch der mittelalterlichen Kirche gegenüber herzustellen. Auf der anderen Seite mußte der ihnen entgegentretende Gedanke, so leicht und unvorbereitet vom Tode überrascht zu werden, und der bei allen Seefahrern und Küstenbewohnern stark entwickelte Aberglauben ihre Angst um das Heil der Seele, die Furcht vor dem Fegefeuer noch verstärken. Welch großen Raum die letztere in ihrem Denken einnahm, liest man zur Genüge in Testamenten und Stiftsurkunden. Es darf uns daher nicht wundern, wenn diejenige Einrichtung, welche sich gerade aus der Kombination dieser Gefühle entwickelte und in größerem oder geringerem Maße in der ganzen christlichen Welt sich einbürgerte, hier in Lübeck, wie wohl überhaupt in den Küstenländern, besonders reichen Anklang fand. Es sind dies die geistlichen Brüderschaften."

Sie sind, wie Jacob von Melle nachgewiesen hat, seit dem zweiten Drittel des 14. Jahrhunderts in Lübeck zu finden, haben im Laufe der Zeiten sich ständig und ansehnlich vermehrt und bis zum Anfange des 16. Jahrhunderts die ansehnliche Zahl 70 erreicht. Die ganze Kultur jener Zeit basierte auf den geistlichen Brüderschaften, die als Kulturträger auch die Künste pflegten, ausübten und überwachten. Die Konkurrenz, in der sie untereinander standen, veranlaßte die einen, fortgesetzt die andern zu überbieten, die einen, ihre Kirchen schöner und größer zu bauen als die anderen und die Bürger zu möglichst reichen und kostbaren Stiftungen für ihre Kirchen anzuspornen. Dieser Wettstreit der Bruderschaften untereinander war den Bürgern und der Stadt von hohem Nutzen; denn gerade diesem Wettstreit verdankt die Stadt viele ihrer bedeutendsten Kunstdenkmäler.

Aus drei verschiedenen Teilen ist die Stadt zusammengewachsen, aus der Burg, dem Markt- und Handelsplatz und dem Dom. In den ältesten Zeiten spielte die Burg als Verteidigungsstätte die Hauptrolle. Adolf von Holstein hatte sie gegründet, Heinrich der Löwe hatte hier gewohnt, und unter Friedrich Barbarossa war sie Reichsburg geworden. Aber die Lübecker wollten in ihrer Stadt nicht länger eine kaiserliche Burg dulden, da sie sich dadurch in ihrer Selbständigkeit bedrückt fühlten. Infolgedessen wurde die Burg schon 1229 zerstört; an ihrer Stelle errichteten die Lübecker, um allen Streitigkeiten vorzubeugen, ein der heiligen Maria Magdalena geweihtes Dominikanerkloster mit

Johann Kemmer, die hlg. Katharina, Barbara
und Dorothea auf dem Olavaltar der Marienkirche

einer schönen gotischen Kirche, die im Laufe der Zeit mit Kunstwerken reich geschmückt wurde. Im Jahre 1818 ist diese prachtvolle, alte Kirche, die 1806 durch die Franzosen sehr gelitten hatte, eingerissen worden, und im Jahre 1896 ist auf diesem Grundstück unter Benutzung des Refektoriums, der Kreuzgänge und der sogenannten Schusterhalle des Klosters ein Gerichtsgebäude erbaut worden, dessen dreigeschossige Hauptfassade neben dem alten Burgtor wenig glücklich wirkt. Auch die Art, wie die drei Risalite in Schultergiebeln enden und von Ecktürmen flankiert werden, ist unerfreulich gelöst.

Der Marktplatz hat seine Bestimmung als Mittelpunkt des Handels von Anfang der Stadtgründung an, bis neuerdings die Markthallen errichtet wurden, beibehalten. Ursprünglich war der Marktplatz der Mittelpunkt des gesamten städtischen Lebens und infolgedessen räumlich viel ausgedehnter, nicht wie heute von Häuserreihen eng begrenzt. In den achtziger Jahren des 19. Jahrhunderts wurde das schöne architektonische Bild des Marktplatzes durch das häßliche und stillose Postgebäude verunstaltet.

Im 13. Jahrhundert schon wurden das Rathaus und die Marienkirche am Markte angelegt; und rund um den Markt herum bauten die Handeltreibenden ihre Verkaufsstellen. Neben dem Rathaus siedelten sich die Gewandschneider an. Pelzhändler und Goldschmiede, Zinngießer und Schuster errichteten hier ihre Verkaufsläden. Eine direkte Straße führte vom Marktplatz zum Dom. Die übrigen Straßen gehen von der Verbindungsstraße zwischen Burg und Dom ab und führen zu den beiden Flüssen hinunter. Um 1300 waren die meisten Straßen

Alt-Lübecks schon angelegt und werden in den Urkundenbüchern namentlich aufgeführt. Das Stadtbild des alten Lübeck, das einem Schildkrötenrücken gleicht, ist nicht nur sehr malerisch; es ist auch klar und übersichtlich und von zwingender Logik.

In diesem Stadtbilde entfaltete sich ein gesundes und lebensfrohes Leben. Die Häuser wurden als Querhäuser und Giebelhäuser angelegt, die Dachseite der Querhäuser, die gewöhnlich aus einem niedrigen Erdgeschoß bestanden, das die Dachbalken trug, wandte sich der Straße zu. Sie waren im Innern durch Querwände in Wohnungen eingeteilt, die eine Diele und eine Kammer umfaßten. Die Giebelhäuser waren in der Richtung des Daches abgeschrägt und trugen oft einen treppenförmig sich abstufenden Aufbau; in etwas späterer Zeit wurden die Giebelhäuser auch mehrfach durch eine gerade, mit Türmen und kreisrunden Windöffnungen gezierte Mauer abgeschlossen. In dem Hausinnern der begüterten Bürger entfaltete sich mit dem wachsenden Wohlstand der Stadt jene breite und runde Behaglichkeit, jene großartige Raumverschwendung und satte Fülle, die bis in das 19. Jahrhundert hinein für Lübeck charakteristisch geblieben ist. Das Leben der Bürger wurde behäbig und wohlig; schwerfällig aber ist es erst im 19. Jahrhundert geworden. Von der heiteren Genußfreude und dem munteren, ungebrochenen Temperament der Lübecker aus katholischer Zeit zeugen die traulichen Weinstuben und „liebereichen" Badstuben. Damals waren die lockeren Frauen noch nicht unter Oberaufsicht des Rates kaserniert; sie durften damals noch unbehelligt wagen, ruhig heimkehrenden Bürgern im Dunkel des Abends ihre

Liebe anzutragen oder gar aufzudrängen. Für fromme Bürger, die irdischen Abenteuern abhold waren, empfahl sich daher die Begleitung eines Dieners, der eine Laterne oder Fackel vor ihnen hertrug. Im Anfang des 14. Jahrhunderts wurden die Straßen gepflastert; aber es muß ein fürchterliches Kartoffelpflaster gewesen sein, das schon infolge seiner ganzen Beschaffenheit eine regelmäßige und gründliche Reinigung nicht zuließ; auch die ersten Anfänge eines Bürgersteiges datieren aus dieser Zeit; sie wurden durch die Rinnsteine begrenzt. An den Häusern entlang zogen sich Bänke, auf denen die Bürger im Abendfrieden die Ruhe suchten. Vor vielen Häusern standen in alter Zeit Linden und Eichen, die das malerische Bild der Stadt wesentlich verschönern halfen. Reinlicher als die Straßen waren die Menschen selbst, die wie wir erfahren haben, schon im 15. Jahrhundert allwöchentlich einmal ein Dampfbad nahmen. Die Kleidung der Menschen war nicht nur reinlich; sie war auch kostbar und farbenprächtig; sie schillerte in allen Farben, scharlachrot, grün, blau, mit silbernen und vergoldeten Gürteln. Erst durch die Einwirkungen der Reformation wurde das traurige Schwarz die bevorzugte Farbe der Lübecker.

Daß diese Menschen des 14., 15. und 16. Jahrhunderts, die in gesundem Gottvertrauen, in heiterem Weltsinn, in Wohlleben und Prachtliebe dahinlebten, künstlerische Talente entwickelten und ihren Kunstsinn betätigten, wird begreiflich. Und wir werden sehen, daß in jenen Jahrhunderten Lübeck nicht nur ein Mittelpunkt für den Handel zwischen Norden und Süden und für den Wechselverkehr war, durch den alle Geldgeschäfte der Ostseeländer geregelt wurden, sondern auch ein Mittelpunkt für die Kunst, die Kunsthauptstadt des nördlichen Deutschland.

Der Dom ist die älteste Kirche Lübecks. Von seiner Gründung erzählt ein kleines Wandgemälde in einem Seitenschiff der Kirche eine hübsche Legende: Einst jagte Karl der Große an der Ostseeküste und fing einen prächtigen Hirschen. Er tötete ihn nicht, sondern legte ihm ein kostbares Halsband um und ließ ihm wieder die Freiheit. 400 Jahre später hielt Heinrich der Löwe sich in derselben Gegend auf und sah einen Hirsch, dem ein goldenes Kreuz im Geweih leuchtete, unaufhörlich dieselbe Stelle umkreisen. Er fing den Hirsch. Das Kreuz fiel zur Erde, und Heinrich der Löwe las auf dem Kreuz eine Inschrift Karls des Großen. Heinrich wählte die Stelle dieses seltsamen Erlebnisses für die Erbauung einer Kirche und legte 1173 den Grundstein des Domes. Die unteren, romanischen Stockwerke der beiden Türme und das Mittelschiff nebst dem Querschiff bis zum Altarraum in dem jetzigen Kirchengebäude stammen noch aus jenem ersten, ursprünglichen Bau. Im 13. Jahrhundert wurde der Dom erweitert. Die beiden Seitenschiffe, die oberen Teile der Türme sowie die nach der Fegefeuerstraße zu liegende Vorhalle, das Paradies, sind im Übergangsstil erbaut, der Chor zwischen 1318 und 1332 im gotischen Stil. Die folgenden Jahrhunderte haben noch manches hinzugetan.

Die Marienkirche in ihrer jetzigen Gestalt ist bedeutend jüngeren Datums. Zwar wird schon 1163 eine der heiligen Maria geweihte Marktkirche erwähnt; sie wurde aber im Jahre 1251 durch eine Feuersbrunst fast bis auf die Grundmauern zerstört. Sofort scheint mit dem Bau einer neuen Kirche begonnen zu sein, die in den Dimensionen, in der Höhe der Türme und in dem Reichtum der inneren Ausstattung den bischöflichen Dom weit überbieten sollte. Schon gegen Ende des 13. Jahrhunderts muß das Innere der Kirche vollendet gewesen sein; denn es wird berichtet, daß bereits in den neunziger Jahren in der Marienkirche die Messe gelesen wurde. Mit dem Bau der beiden Türme wurde 1304 bzw. 1310 begonnen. Der mächtige, hochaufragende Bau ist eines der schönsten Denkmäler der norddeutschen Gotik, edel und groß in den Verhältnissen, rein und einfach in den Ausdrucksmitteln und von jener feierlich-ernsten und ergreifenden Wirkung im Innern, wie sie der starke und einige Christenglauben und das bürgerliche Selbstgefühl des Mittelalters zum Ausdruck zu bringen vermochte. Der ganze Bau ist in Backsteinen aufgeführt; und dem Charakter des Backsteinbaustiles entsprechend ohne Verzierungen. Dadurch tritt die Konstruktion und die architektonische Gliederung des Gebäudes klar und rein heraus. Daß der Bau trotzdem nicht streng und kalt, sondern anmutig, leicht und luftig, wie ein Jubelgesang der Menschheit zum Himmel aufsteigt, ist der außerordentlichen Genialität der Baumeister zu danken, die zwar sehr praktisch dachten, aber doch mit natürlichen Mitteln eine hohe Anmut in die Linien der Kirche zu legen verstanden. Auf der Westseite heben sich die Türme in unverjüngten, viereckigen Stockwerken, die auch durch Fensterpaare belebt sind, mit schlankem, von vier Giebeln eingeschlossenem, ununterbrochenem Helme empor und begrenzen den Giebel des Mittelschiffes, der nur einen

Dachreiter trägt. Das Mittelschiff, das im Langhause sechs, im Chore vier Gewölbefelder umfaßt, erstreckt sich hinter den Türmen von Westen nach Osten. Die Marienkirche ist nicht in der Kreuzesform wie der Dom erbaut, sondern enthält nur ein Mittelschiff, das sechs Gewölbefelder umfaßt, und einen Chor von vier Gewölbefeldern. Um das Mittelschiff ziehen sich an jeder Seite niedrige Seitenschiffe, die auch den Chor umlaufen und hinter dem Altar zusammenstoßen. Die den niederländischen Kirchen nachgebildete Choranlage besteht aus einem Kapellenkranz mit selbständig hervortretenden, verkürzten Polypenseiten.

Daß die Marienkirche nicht wie alle Bischofskirchen in der Kreuzesform erbaut worden ist, scheint dafür zu sprechen, daß man ihr von Anfang an eine ähnliche Bestimmung zuweisen wollte, wie sie die Basiliken im südlichen Europa hatten. Sie sollte der Mittelpunkt des städtischen Lebens werden, in dem die Bürger ihre Geschäfte abhandeln, der Rat Audienzen und der Bürgermeister Ansprachen an die Bürgerschaft halten konnte. Daß derartige weltliche Zusammenkünfte in der Marienkirche im Mittelalter stattgefunden haben, hat Brehmer aus alten Urkunden nachgewiesen.

Goldschmidts These, daß Lübeck für die Kunstentwicklung ein Mittelpunkt war und in derselben eine Mittlerrolle einnahm, wird uns in der Marienkirche klar. Vergleichende Studien im Kirchenbaustil lehren, daß der gotische Baustil von der Normandie nach Flandern, von Flandern nach Köln und von Köln nach Lübeck sich entwickelt hat. Und Lübeck bildete dann wiederum eine Zentrale, von der die Weiterentwicklung nach Lauenburg, Mecklenburg und in die Ostseeprovinzen ausstrahlte. Die Marienkirche wirkte für verschiedene Kirchenbauten vorbildlich. Daraus allein erhellt schon die außerordentlich bedeutende Rolle, die Lübeck im Kunstleben des Mittelalters spielte. Wenn wir weiter die Marienkirche mit den Kirchenbauten der französischen Gothik einerseits und mit den Kirchen Flanderns und Kölns anderseits betrachten, so gewinnen wir auch Achtung vor der Selbständigkeit der Lübecker Baumeister. Sie haben nicht gedankenlos die studierten Vorbilder nachgebildet, sondern für ihre Bedürfnisse und für ihr Gefühl neue und eigenartige Ausdrucksmittel gefunden, deren besondere Stärke eine starke Konzentration, eine Reduzierung der Kunstsprache zur Einfachheit hin, eine natürliche Anmut und ein Sinn für monumentale Größe waren.

Dieselben Charaktereigenschaften finden wir auch in den übrigen Kirchen ausgeprägt, die bis ins einzelne durchzusprechen den Charakter dieses Buches überschreiten würde. Uns kommt es nur darauf an, die Hauptcharakterzüge, die die Stadt groß gemacht haben, herauszuschälen und anzumerken. Die mächtigen Türme, die auf schweren und breiten Untergebäuden hoch und schlank auftragen, bezeichnen den Charakter der Bürger des Mittelalters; in ihnen hat der weit- und hochgespannte Unternehmungsgeist der Lübecker des Mittelalters sich einen klaren, symbolischen Ausdruck geschaffen. Wie frisch und ungebrochen der Charakter der Lübecker des Mittelalters war, beweist nicht nur ihre Architektur, sondern auch die Plastik und die Malerei der damaligen Zeit. Alle Kirchen waren in freudigen Farben ausgemalt; um Gott Vater, die Jungfrau Maria und Jesus, den Welterlöser zu preisen, wandte man alle Mittel auf,

Die Kultur und die Künste in Lübeck bis 1806

die der Menschengeist erfunden hatte, machte aus dem Kirchengewölbe einen herrlichen Sternenhimmel, malte und meißelte alle Heldengestalten der heiligen Legenden und pries den dreieinigen Gott durch seine Schöpfung. Der Gottesdienst des Mittelalters war ein Freudenfest. Welche rührende Inbrunst der Gottesverehrung spricht daraus, daß die Künstler jener Zeit die Geliebte, die doch jedem Menschen als das schönste Weib der Erde erscheint, als Gottesmutter verklärten; zu ihren Füßen malten sie die herrlichsten Blumen und Früchte der Welt; links kniete der Stifter mit seinen Söhnen und rechts dessen Gattin mit ihren Töchtern, die Schutzheiligen standen im Hintergrunde. Alle Lübecker Kirchen sind im Mittelalter mit hellen, leuchtenden Farben prächtig geschmückt gewesen; die Künstler jener Zeit erzählten den Bürgern auf den Pfeilern der Kirchen die tiefsinnigen Legenden der Heiligengeschichte.

Als dann der Protestantismus in Lübeck eingeführt wurde, da hat man in beklagenswertem Vandalismus alle diese Schönheit aus der Kirche verbannt und die wundervollen Freskobilder, in der die Vorfahren ihrer Gottesverehrung Ausdruck gegeben hatten, mit Kalk übertüncht. Was dadurch alles zerstört worden ist, läßt sich gar nicht mehr ermessen, was der Stadt und den Bürgern damit genommen worden ist, erhellt am besten aus dem geringen Vermögen des künstlerischen Empfindens der Lübecker von heute.

Wenn wir die Kunstgeschichte Lübecks nur in großen und allgemeinen Zügen betrachten, so wird uns schon klar, welche große schöpferische Kraft auf allen künstlerischen Gebieten hier einstmals lebendig war. Es gab im 14. und 15. Jahrhundert in Lübeck am jetzigen Pferdemarkt so-

Haus der Schiffergesellschaft

Die Kultur und die Künste in Lübeck bis 1806

gar ein ganzes Künstlerviertel, in dem die Maler und Bildhauer Haus an Haus nebeneinanderwohnten. Am Markte hatten sie zu jener Zeit Buden errichtet oder gemietet, wo sie Ausstellungen ihrer Bilder und Skulpturen veranstalteten. In alten Kontrakten und Bestellungen finden wir die Bildhauer als „beldesnyder" und die Maler als „meler" aufgeführt; es erweist sich aus diesen Urkunden, daß die Bildschnitzer ihre Werke sehr oft selbst bemalten und die Grenzen zwischen Malern und Schnitzern hier wie auch in Süddeutschland nicht scharf zu ziehen sind. Die Maler und Bildhauer waren in jenen Zeiten in Lübeck sehr angesehen; und mancher unter ihnen hat es zu bedeutendem Wohlstand gebracht. Aber die Künstler spielten bekanntlich im Mittelalter als Individualitäten nicht die Rolle, die sie heute spielen; sie standen in der bürgerlichen Welt und bildeten eine Zunft, die den übrigen Zünften in keiner Weise vorgezogen wurde. Da diese Zunft nach der Einführung der Reformation immer mehr zusammenschmolz und schließlich sich ganz auflöste, ist die Erforschung ihrer Leistungen außerordentlich schwierig. Die Lübecker Lokalforschung hat sich auf diesem Gebiet in den letzten Jahrzehnten bedeutende Verdienste erworben. Bevor diese Forschungen einsetzten, glaubte man allgemein, daß die meisten Tafelbilder und Steinskulpturen aus Flandern und Westfalen nach Lübeck eingeführt wären. Es kam das hauptsächlich daher, daß eine gewisse Abhängigkeit und Ähnlichkeit zwischen den Lübecker und den flandrischen, besonders aber den rheinischen und westfälischen Kunstwerken besteht, weiter daher, daß in der Lübecker Gegend selbst sich für die Steinbildnerei kein brauchbarer Stein fand und die Lübecker den Stein aus Baumberg bei Münster bezogen. Aber damit nicht genug: Bildschnitzer und Maler aus der westfälischen Gegend kamen im 15. Jahrhundert nach Lübeck, um sich hier niederzulassen. Von ihnen erlernten die Lübecker das Kunsthandwerk; daraus erklärt sich die Abhängigkeit der Lübecker Kunst von der Westfalens. Der Blick der Lübecker in jenen Zeiten war auch auf dem Gebiete der Kunstübung sehr weit; sie begriffen die künstlerische Überlegenheit der rheinischen Länder, suchten die Kunst dieser Länder auf und sie sich zu eigen zu machen, um sie dann zu übertrumpfen.

Die ältesten Kunstwerke, die sich in Lübeck aus dem 14. Jahrhundert erhalten haben, stammen daher aus Flandern, wie die schönen Messing-Grabplatten mit reicher Eingravierung der Bischöfe Burchard von Surken, von Bochhold und Johann von Mul im Dom, des Ratsherrn Johann Klingenberg in St. Petri und des Bruno Werendorp in der St. Marienkirche. Dagegen sind die 16 Figuren, die bis zum Jahre 1800 die Bergenfahrerkapelle der Marienkirche schmückten und jetzt im Museum aufgestellt sind, wohl mit ziemlicher Sicherheit aus Lübeck selbst hervorgegangen. Es sind 16 Figuren aus Stuck. Christus und die heilige Maria in der Mitte, umgeben von zwei Engeln, und die zwölf Apostel. Die Apostel sitzen auf einem hohen Throne mit Rückenlehne und halten ihre Attribute in den Händen. In dem Thron und in den Gewandungen der Apostel ist die romanische Stilsprache noch deutlich kenntlich, während der kleine Kopf der Maria und ihr langer, dünner Körper für die nahe Stilwandlung charakteristisch sind. Auch einige Lübecker Holzskulpturen aus dieser Zeit sind erhalten. Da die Gotik im Norden Deutschlands einen ganz anderen Charakter annahm als in ihrer Geburtsstätte des Isle de France, da sie im Norden Deutschlands und besonders in den östlichen Bezirken auf das kunstvolle Massenwerk verzichtete und gereinigt von den phantasiereichen Filialen- und Nebenkonstruktionen schlicht und einfach durch große, hochstrebende Massen zu wirken suchte, entwickelte sich auch die Skulptur unabhängiger von der Architektur, anders als in Frankreich. Diese Unabhängigkeit von der Architektur ließ die Lübecker Künstler die Gliederverrenkungen, die wir in der Gotik infolge des Zwanges der Einordnung in die Architektur so häufig finden, leicht vermeiden; statt des emporstrebenden Streben- und Rankenwerkes, mit denen sonst in der Gotik die Altäre so reich durchsetzt sind, sind die geschnitzten Altarschreine Lübecks sämtlich nach oben in gerader, horizontaler Linie abgeschlossen. „In dem Hochaltar der Marienkirche", schreibt Adolf Goldschmidt, „finden wir daher auch in keiner Weise Figuren mit ausgebogener Hüfte oder verdrehtem Kopfe, auch im Faltenwurf nicht die schroffe Abwechslung, dagegen in der Darstellung eine Reihe von Zügen, welche deutlich beweisen, daß der Meister versucht hat, die Szene nachzuempfinden und durch charakteristische Momente dem Beschauer näher zu rücken. So kostet bei der Geburt der Maria die Dienerin erst selbst die Speise mit einem Löffel, ehe sie dieselbe der Wöchnerin reicht, so ist es auch ganz individuell dargestellt, wie die Jungfrau Maria mit anderen Mädchen zusammen Unterricht erhält, und wie der kleine Jesusknabe seine Hände lebhaft nach dem vor ihm knienden Könige ausstreckt. Da-

Die Kultur und die Künste in Lübeck bis 1806

neben herrscht ebenso wie bei den entsprechenden Gemälden das Streben, durch schlanke Gestalten und weiche Gesichter die Figuren anmutig vorzuführen, und derselbe Mangel wie bei jenem, nämlich das Unvermögen, die Körpermasse, die Gliederstellungen und die Formen einzelner Körperteile stets richtig wiederzugeben." Will man dem Künstler dieses wundervollen Altarschreines ein gewisses Streben nach Anmut zugestehen, so scheint mir sein rücksichtsloser Natursinn, sein unerbittliches Streben nach Wahrheit doch augenfälliger. Die seltsame Mischung von Sentimentalität und Brutalität, die für den Lübecker Volkscharakter so charakteristisch ist, hat hier zum ersten Male künstlerischen Ausdruck gefunden. Wie brutal ist die Beschneidungsszene und der Kindermord nicht nur im Motiv, sondern auch in der Charakteristik der Teilnehmer dargestellt; welche rührende Sentimentalität durchweht dagegen verschiedene andere Gruppen. Dieses Gemisch von Brutalität und Sentimentalität kommt noch in mehreren Tafelbildern zum Ausdruck; oft überwiegt die eine, oft die andere. Diese Mischung zweier antipoder Gefühlselemente ist im Mittelalter nicht nur in Lübeck einer psychologischen Vertiefung günstig gewesen. Die Kehrseite der schwärmerischen Gottesminne war eine Grausamkeit ohne jedes Maß. In den Strafen, den Folterqualen, den Hexen- und Ketzerprozessen zeigt sich diese Grausamkeit, und es ist nachgewiesen, daß Lübeck im Mittelalter eine der grausamsten Städte war.

Die ehemalige Burgkirche, die leider 1818 abgerissen worden ist, war unter allen Lübecker Kirchen mit schönen Kunstwerken am reichsten geschmückt. Die zehn Jungfrauen und die Apostel, die heute im Museum aufgestellt sind, bildeten einst einen kostbaren Fassadenschmuck dieser Kirche. Sie stammen aus der Hochgotik und zeigen in ihrer freien Hüftenbiegung am deutlichsten die gotischen Stilelemente; in den Köpfen hat der Künstler den hartgeschnittenen, groben und meist häßlichen Volkscharakter mit gutem Gelingen zum Typus zu steigern versucht. Doch, das Naturstudium, das schon in diesen Steinskulpturen deutlich wird, erscheint eindringlicher und vertiefter in verschiedenen Einzelstatuen, die gegen 1450 entstanden sein mögen und fast alle aus der Marienkirche stammen. Unter ihnen befinden sich Werke von einer anatomischen Durchbildung, einer Kraft und Gefühlstiefe, die um diese Zeit auf einen Höhepunkt der skulpturalen Kunst in Lübeck schließen lassen.

Es soll hier ja nicht eine ausführliche Geschichte der Lübecker Kunst gegeben werden. Es soll nur durch Heranziehung einiger charakteristischer Werke, die in Lübeck entstanden sind und von Lübecker Künstlern herrühren, der Beweis erbracht werden, daß Lübeck ein künstlerisches Zentrum war, daß die Lübecker der damaligen Zeit einen gesunden und stark ausgeprägten Sinn für die Künste hatten, daß die Lübecker der damaligen Zeit ferner der Kunst nahe genug standen, um sich nicht beleidigt zu fühlen, wenn ein Künstler ihren harten und unverbindlichen Charakter, ihre hartgeschnittene und unfreundliche Häßlichkeit schilderte und als einen Volkstypus hinstellte.

Sobald die Lübecker Maler sich zur Selbständigkeit durchrangen, drangen sie über die leere, konventionelle Anmut hinaus und ähnlich wie die Bildhauer studierten sie die Menschen und suchten den einzelnen Menschen zum Typus zu steigern. Charakteristisch für diese Zeit ist der Altarschrein der St. Lukas-Brüderschaft, den die Maler und Glaser im Jahre 1473 für die Kirche der heiligen Katharina stifteten (jetzt im Museum). In der Mitte ist das so vielfältig verwandte Motiv in Holz geschnitten, wie St. Lukas die Madonna malt; auf den Flügeln sind die Heiligen Barbara und Katharina dargestellt, während die übrigen Seiten der Doppelflügel mit acht Szenen aus dem Leben des heiligen Lukas bemalt sind. Die Malereien sind weicher und anmutiger als die holzgeschnittenen Teile, der Goldgrund ist hier schon einer lebendig geschauten und einzeln durchgeführten Landschaft mit Bäumen, Blumen, Gebäuden und handelnden Personen gewichen. Jedes einzelne Bild ist eine Illustration einer in sich abgeschlossenen Erzählung. Bei der Betrachtung dieser acht Szenen könnte man vielleicht glauben, wenn man das geringe Verhältnis der heutigen Lübecker zu den bildenden Künsten in Betracht zieht, daß schon damals, als die bildenden Künste noch ganz im Banne der Kirche standen und Malerei und Bildschnitzerei als Hauptzweck die Illustration der heiligen Legenden hatten, das Schwergewicht der Talente der bildenden Künstler Lübecks im Epischen lag; aber das ist unzutreffend. Es fanden sich damals in Lübeck in den bildenden Künsten die vielversprechendsten Ansätze, die wir gerade auf diesen Tafelbildern wahrnehmen können, einmal in der offenen und breiten Lichtführung, zu der die Lübecker allem Anschein nach durch sich selbst gekommen waren, dann aber überhaupt in der sehr persönlichen Farbenanschauung, der weichen, blauen Schattenführung, die auf eigenes Studium

zurückzugehen scheint. Von demselben Maler soll das
prächtige Diptychon über dem Schonenfahrergestühl in
der Marienkirche herrühren; es ist, wie die Inschrift
besagt, 1501 gemalt worden und stellt auf der einen
Tafel die Anbetung der Könige, auf der anderen die
Kreuzigung dar. Die Ausdrucksmittel des Künstlers
haben sich in diesen beiden Tafeln bedeutend gesteigert.
Er stellt eine Fülle der verschiedenartigsten Gestalten
in lebendiger Bewegung dar. Die Gesten sind anmutig abgerundet, nur der Ausdruck der Gesichter hat
etwas Monoton-Steifes. Der landschaftliche Hinter-
grund ist reich belebt mit allen möglichen Genreszenen.
Die Landschaft selbst wie auch die Flora und die
Städteansicht im Hintergrunde sind Phantasiewerk; jedenfalls sind die Motive nicht der lübischen Umgegend
entnommen. Die Zeichnung ist bis in die verborgensten
Einzelheiten mit liebevoller Sorgfalt durchgeführt, und
die Farbe, die sichere eigene Anschauung beweist, ist
von einer hellen und freudigen Leuchtkraft. Diese Bilder
stehen durchaus nicht vereinzelt da. Die Gregorsmesse
im südlichen Chorumgang der Marienkirche sowie verschiedene Tafelmalereien im Museum beweisen die
außerordentliche Produktivität der Lübecker Maler und
Bildschnitzer um die Wende des Jahrhunderts. Mit
wieviel Achtung es in den angrenzenden Ländern emp-
funden wurde, daß die Lübecker Künstler sich zu einer
Selbständigkeit durchrangen, erhellt daraus, daß in den
neunziger Jahren in Lübeck von Westfalen aus, dem
eigentlichen Stammlande der Lübecker Kunst, gemalte
Altarschreine bestellt wurden. Von den Lübecker Bildhauern sind ähnliche Erfolge nicht bekannt, obwohl die
Werkstätten der Steinhauer und Bildschnitzer vermut-

Die Kultur und die Künste in Lübeck bis 1806

lich sogar zahlreicher waren und um die Jahrhundertwende in ihren Erzeugnissen denen der Tafelmaler wenigstens ebenbürtig waren. Auch die Steinhauer und Bildschnitzer suchten ihre unmittelbaren Vorläufer und sich selbst fortgesetzt zu überbieten; sie suchten den Darstellungskreis zu erweitern, neue Motive aus den heiligen Legenden für ihre Darstellung zu gewinnen und durch individuelle Ausgestaltung der Themata neue Effekte zu erreichen. Statt der Krönung Marias durch Christus und der Madonna mit dem Kinde wird jetzt häufiger die ganze heilige Sippe dargestellt, und in dieser Darstellung werden immer im Hintergrunde noch kleine, genrehafte Szenen angebracht. Auch landschaftliche Hintergrunde werden von der Plastik in ihren Darstellungskreis gezogen, die Gewandfältelung wird reicher und komplizierter und in den Kreidegrund der Gewänder Brokatmuster eingepreßt oder Ornamente aufgesetzt. Der architektonische Aufbau der Altarschreine wandelte sich dagegen nur wenig; er bewegte sich mit geringen Variationen in den einmal geschaffenen Konventionen. Das Maßwerk ist in dieser Zeit noch ganz allein herrschend, ein Übergang zum Rankenwerk nirgends zu finden. Als ein charakteristisches Beispiel dieser Zeit ist der heilige Leichnams-Altar von 1496 im Museum anzusehen und das messingne Sakramentshäuschen von 1479 in der Marienkirche. Das bedeutendste Denkmal dieser Zeit ist das im Jahre 1477 von Bischof Albert Crummedyk gestiftete Triumphkreuz im Dom, das vorzüglichste Zeugnis von dem durchgebildeten Können der Lübecker Künstler, das leider 1894 durch ungeschickte Restauration wie manche andere Kunstdenkmäler des Doms sehr verdorben ist.

Tür der Kriegsstube im Rathaus
Lübecker Schnitzarbeit

Die Kultur und die Künste in Lübeck bis 1806

„Der Stifter, Bischof Crummedyk, welcher 1466—1489 den Krummstab führte," schreibt Goldschmidt, „erinnert uns in seinem fröhlichen, etwas leichten Lebenswandel, in seiner Baulust und Kunstliebe, seiner literarischen Tätigkeit und seiner Neigung für verschwenderischen Aufwand an manche Gestalten der italienischen Renaissancezeit. Seine Baulust stürzte ihn in gewaltige Schulden, und sein weltlicher Sinn fand Nachhall in der Legende, die sich schon in der älteren Stadtbeschreibung findet, daß die am Fuße des großen Kreuzes kniende Magdalena seine Geliebte darstelle. An dem Querarme des Kreuzes, welcher von zwölf Propheten umsäumt ist, die aus Kreuzblättern hervorwachsen, sieht man an den Stielen, welche sich um die Figuren herumschlängeln, bereits den ersten schwachen Anfang zum Rankenwerk, während bei den Altarschreinen hiervon noch nichts zu bemerken war. Der Faltenwurf ist unruhiger als früher, aber nicht durch zahlreiche Querfalten, sondern durch unregelmäßige Linien der Längsfalten, so daß die Stoffe aussehen, als seien sie durch unordentliches Liegen zerdrückt worden."

Je weiter die Zeit vorrückte, um so weiter gespannt wurde der Darstellungskreis der Künstler; sie griffen direkt aus dem Volke ihre Modelle heraus und schilderten das Leben des Bürgers nicht nur auf den Nebenszenen der Tafelmalereien, sondern ebenfalls auf den Schnitzaltären. Hirtenszenen und Fischerszenen, Straßenbilder; Motive aus dem häuslichen Leben der Bürger sind überall zwischen und hinter die heiligen Hauptszenen eingestreut. Als im Anfang des 16. Jahrhunderts Lübecks Handel immer größere Dimensionen annahm und durch die Verbesserung und größere Ausnutzung der Verkehrswege der Verkehr zwischen den einzelnen Ländern intensiver wurde, erhielt Lübeck auch Kenntnis von dem herrlichen Blühen der Künste in Holland und in den Niederlanden. Die Lübecker nahmen damals nicht nur das Gute, wo sie es fanden, sie suchten das Gute sogar auf und erkannten willig und gern an, daß dort in den anderen Ländern Bedeutenderes geleistet würde als bei ihnen. Ich glaube, man darf sagen, sie erkannten das Gute, was in anderen Ländern geleistet wurde, sogar allzuleicht an. Sie kauften und bestellten dort drüben Altarbilder und Altarschreine und stellten sie bewundernd in ihren Kirchen auf. Die Lübecker Künstler selbst konnten nicht umhin, die Überlegenheit ihrer niederländischen Zunftbrüder anzuerkennen. Aber diese allzulaute Bewunderung, die allzuhäufige Einführung fremder Kunstwerke durch die reisenden Kaufleute drückte auf ihre eigene Entwicklung, die dadurch manches von ihrer eigenen Selbständigkeit einbüßte. Die Lübecker Künstler suchten den Kunstwerken, die ihren Bürgern am bewundernswertesten erschienen, nachzueifern und sie zu überbieten; so wird der jetzt fühlbarer werdende Einfluß der niederländischen Kunst, aber auch der oberdeutschen und mitteldeutschen Kunst, die den Lübeckern ebenfalls vermittelt wurden, verständlich und erklärlich. Daß trotz dieses erdrückenden Einflusses das eigene Kunstvermögen der Lübecker durchaus noch nicht im Sinken begriffen war, beweisen die drei Schnitzaltäre aus der Burgkirche, die jetzt sich im Museum befinden. Der Schneider-Altar mit Darstellungen der Maria Aegyptiaca und der Maria Magdalena. der Brauer-Altar St. Thomae und der prachtvolle Altar mit der Wurzel Jesse, in denen das

Maßwerk bereits durch das Rankenwerk verdrängt ist. Das Bedeutendste, was die Lübecker Kunst um diese Zeit hervorgebracht hat, ist der Altar in der Bergenfahrerkapelle der Marienkirche, den die St. Olavsbrüderschaft 1524 gestiftet hat, von dem leider heute nur noch zwei Tafeln vorhanden sind. Auf diesem Diptychon sind St. Olav, St. Johannes und St. Ansgar, auf dem Flügel innen die Kreuzabnahme und außen drei heilige Frauen dargestellt. Man hat lange Zeit diese drei Malereien als Werke des Aschaffenburger Meister Matthias Grünewald angesprochen. Wie hat man in deutschen Kirchen und Museen nicht schon auf diesen Namen gesündigt! Wer jemals in Kolmar gewesen ist, weiß, daß auch hier zu hoch gegriffen wurde. Aber immerhin, daß man überhaupt den Namen des größten deutschen Malers vor diesen Bildern auszusprechen wagte, beweist, daß es sich um bedeutende Malereien handelt. Der Name Grünewalds ist zu viel, der Name Cranachs ist zu wenig für diese Tafelbilder; so ist lange Zeit dieses Bild in der Schätzung zwischen diesen beiden Extremen hin und her gependelt. Für Grünewald sprach die edle und große Monumentalität der Bilder, für Cranach der Schnitt der Gesichter, der Hände und die Haltung der einzelnen Figuren; die Besten und Erfahrensten wagten sich weder für den einen, noch für den anderen zu entscheiden. Die Zeit hat ihnen kürzlich Recht gegeben, nachdem der verdienstvolle Lübecker Lokalforscher F. Bruns aus alten Urkunden den Namen des Meisters als den des Lübecker Malers Johann Kemmer feststellte. In Johann Kemmer dürfen wir die höchste Blüte der Lübecker Malkunst erblicken. Die lapidare

Monumentalität seiner Komposition, die warme und wohl abgewogene Zusammenstellung seiner Farben und die weiche und eindringliche Tiefe der Empfindung erlauben dem Meister, in der gesamten deutschen Kunstgeschichte einen ehrenvollen Platz anzuweisen. Leider steht Johann Kemmer nicht am Anfang einer neuen Entwicklung, sondern bildet den Abschluß der langen Entwicklungskette, die wir eben in ihren Hauptphasen durchgesprochen haben.

Sechs Jahre nach der Vollendung dieses Werkes wurde die Reformation in Lübeck eingeführt, und „damit wurde", wie auch Goldschmidt schmerzlich bemerkt, „die Produktion derjenigen Werke, welche bisher den Hauptbestandteil der Kunst ausmachten, abgeschnitten". Doch bevor ich auf diese Wandlung der Kunst nach der Reformation eingehe, verdienen einige Kunstwerke nicht einheimischer Künstler Erwähnung, die sich im Besitz der Museums und der Kirchen befinden. Unter diesen ist an erster Stelle der Altarschrank des Hans Memling in der Greveradenkapelle des Doms zu nennen. Der Altar wurde im Jahre 1491 von der Lübecker Familie Greverade, die besonders lebhafte Beziehungen mit Flandern unterhielt, der Domkirche gestiftet. Auf die Türen des Schreines sind die Heiligen Johannes, Hieronymus, Blasius und Agidius und die Verkündigung gemalt. Auf der Haupttafel des Innern ist die Kreuzigung Christi und auf den Flügeln die Hauptszenen der Leidensgeschichte dargestellt.

Weiter sind aus der Marienkirche der 1542 gemalte und in der Briefkapelle aufgestellte, von Johann Bone gestiftete Marienschrein, eine Antwerpener Arbeit, und im Altarumgang ein Diptychon von Jan Mostaert aus

Die Kultur und die Künste in Lübeck bis 1806

dem Jahre 1518 anzumerken, endlich im Museum ein Bild Tintorettos, „Die Erweckung des Lazarus", aus dem Jahre 1576, das sich leider in einem recht verwahrlosten Zustande befindet. Das sind unter den zahlreichen ausländischen Kunstwerken der Malerei und Plastik die bedeutendsten.

Vor der Reformation herrschte in ganz Deutschland und so auch in Lübeck innerhalb der Dogmen der katholischen Kirche ein heiteres und genußfreudiges Leben, das gegen Ende des Jahrhunderts in Genußsucht und Sittenlosigkeit ausartete. In den südlichen Ländern war der Verfall der Sitten weitaus schlimmer als in den nordischen Ländern. Und gerade aus Lübeck ist nicht viel Verwerflicheres zu berichten, als daß Bischof Crummedyk eine Geliebte hatte und hin und wieder einige ehrbare Frauen vermummt in die Weinkeller schlüpften. Aber der ganze Klerus wird um die Zeit dem Vorbild seines Bischofs gefolgt sein und „mit viel Pferden reiten, große Ehren einnehmen, den Säckel füllen, gute Hähnlein essen und den Dirnen nachlaufen" manches Ärgernis erregt haben, das sich dadurch in Stadt und Land zu fanatischem Haß steigerte, daß die Mönche, um ihr weltliches Leben bestreiten zu können, hohe Abgaben von Bürgern und Bauern erpreßten. Der Zug dieser Zeit nach geistiger Befreiung drängte den Haß gegen die Pfaffen in eine fanatische Ekstase. Nur so ist der gewaltige Beifall zu erklären, den Luther von seinem ersten Auftreten an fand, als er 1523 schalt: „Alle Welt gehet in Fressen, Saufen, Unkeuschheit und in allen Lüsten frei, daß es sauset und brauset," wenn wenn er über „das satanische Zeitalter" und das „eitel Säuleben" sich erboste, wenn er über die „liederlichen und tanzenden oder springenden Weiber", dieses „hochschädliche Ungeziefer" schimpfte, wenn er mit allen Mitteln seiner herrlichen Rhetorik die Herrschaft der Kirche zu brechen suchte. Eine so prachtvolle Vollnatur wie diejenige Luthers durfte sich allerdings ein so gewaltiges Schimpfen über die Unsitten der Zeit, die sich auch im Spiegel seines Geistes übertrieben darstellten, erlauben; denn er riß nicht nur ein, verdammte nicht nur, sondern baute auch auf. Er stellte in seiner schönen, derben Sprache auch Lebensregeln für die anständige Gesellschaft auf — die im Auszuge wiederzugeben unstatthaft sein würde — welche durchaus nicht darauf hinausliefen, die Menschen zu Eunuchen zu machen. Dergleichen lebensfeindliche Forderungen haben erst seine kleineren Nachfolger verfochten, für die Luther selbst nicht verantwortlich gemacht werden darf. Die Übertreibungen des theologischen Geistes haben den Verfall der deutschen Kultur im 16. Jahrhundert wesentlich gefördert; und wo der theologische Geist wie in Lübeck jahrhundertelang auf dem Volke gelastet und das Volk bedrückt hat, da hat der theologische Geist es kraft seiner Übertreibung endlich fertig gebracht, nachdem er um die Wende des 19. Jahrhunderts durch die Verarmung der Stadt noch ein leichteres Spiel gewann, den Volkscharakter vollständig umzudrehen, der Bevölkerung alle heitere Lebensfreude und allen Genuß an den Schönheiten der Welt und der Künste mit rauher Hand zu rauben.

Aber wie ich schon andeutete, dieser Kampf dauerte jahrhundertelang. Am Anfang des 16. Jahrhunderts war das Bürgertum Lübecks an die Verklärung seines religiösen Empfindens und an die Verklärung der Schönheiten der Welt durch die Künste gewöhnt; es konnte diese natürlichen und gesunden Triebe nicht plötzlich verleugnen und abschwören. Wurde ihm durch die Lutherischen verboten, die göttliche Dreieinigkeit und die heiligen Legenden darzustellen, so suchte sich ihr Kunsttrieb ein anderes Ventil. Die Repräsentationspflichten der Brüderschaften, die mit der Einführung der Reformation zusammenbrachen, gingen auf die Patrizierfamilien über, die ihr J teresse für die Kirche in Stiftung von zahlreichen Epitaphien zum Ausdruck brachten. Aber diese Kunstübungen sind gering im Vergleich zu der Art, wie das Patriziertum Lübecks in bürgerlichen Bauten und in Ausschmückung dieser Bauten seine Macht und Größe vergoldete.

Das Lübecker Rathaus ist das vornehmste und würdigste Denkmal dieser Art. Über die Baugeschichte des Rathauses berichtet Brehmer: „Die ältesten Reste, die sich von ihm erhalten haben, stammen aus der Zeit des Übergangsstils, so daß anzunehmen ist, es habe in den dreißiger Jahren des 13. Jahrhunderts ein Neubau stattgefunden. Als im Jahre 1358 der vordere Teil des Rathauses durch eine Pulverexplosion zerstört oder doch erheblich beschädigt ward, mußte zu einem Neubau geschritten werden, bei dem sämtliche Teile des Haupthauses und der unter ihnen liegenden Ratskeller nach Norden verlängert wurden. Diesem Bau verdankt außer der Fassade an der Breiten Straße auch die Front nach dem Marienkirchhof ihre Entstehung. Der südlichste Anbau des Rathauses, der sich durch seine quadratische Form auszeichnet, ward 1442—1444 errichtet, um im Erdgeschoß die Ratswage und im Obergeschoß Nebenräume für den daranstoßenden Festsaal zu gewinnen. Kurze Zeit vorher war im eigentlichen Rathause die hohe südliche Mauer mit ihren großen, runden Windöffnungen und ihren kleinen Türmen errichtet. Das Jahr ihrer Erbauung, 1425, ist dadurch zu unserer Kunde gelangt, daß zwei Bürger eine Wette, die sich auf die Vollendung der Türme bezog, in das Niederstadtbuch eintragen ließen. Vor jener Mauer lag ehemals die Laube des Rates, von der die „Burspraken" verkündigt wurden. Zu ihr führte vom Markte aus eine freiliegende Treppe. Beseitigt wurde diese Anlage, als im Jahre 1570 der Renaissancevorbau aus Gotländer Kalkstein hergestellt wird. Mit der 1594 ausgeführten Anlage einer Treppe, die von der Breiten Straße zu den oberen Räumen des Rathauses führt, haben die Bauten an seinem Äußeren für drei Jahrhunderte ihren Abschluß gefunden." Manches ist dann in den folgenden Jahrhunderten von dieser Architektur verfallen und abgebröckelt, so daß endlich gegen Ende des 19. Jahrhunderts eine gründliche Restauration gebieterische Notwendigkeit wurde, die im Laufe von 30 Jahren mit Geschick und Sorgfalt glücklich durchgeführt worden ist. Schon aus diesem kurzen Abriß der Baugeschichte des Lübecker Rathauses ist zu ersehen, daß sämtliche im Renaissancestil gehaltenen Teile des Rathauses erst im letzten Viertel des 16. Jahrhunderts erbaut worden sind. Wenn aber, wie feststeht, die Renaissanceformen zuerst in weltlichen Bauten angewandt worden sind, so erhellt daraus, daß die Renaissanceformen in Lübeck sehr spät eingeführt worden sind. Das 1469—1476 erbaute innere Holstentor wurde noch ganz im gotischen Stile erbaut, ebenfalls das 1502—1510 erbaute St. Annenkloster, und sogar

Lübecker Renaissancefassaden eines Bürgerhauses
mit Terrakottafiguren und Medaillons

Die Kultur und die Künste in Lübeck bis 1806

das 1535 erbaute Haus der Schiffergesellschaft zeigt im ganzen Entwurf und Aufbau doch erst eine geringe Abweichung von dem gotischen Stilkoder, während damals doch schon im ganzen südlichen Deutschland die Gotik durch die Renaissance zurückgedrängt worden war. In Lübeck vollzog sich die Stilwandlung später, langsamer und bedächtiger. Im Hause der Schiffergesellschaft, das ich für die Privatbauten dieser Zeit als charakteristisches Beispiel herausgreife, ist der stufenförmig angelegte Giebel schon horizontal gegliedert, und die Spitzbogenblenden der Fassade sind im Rund- oder Stichbogen abgedeckt. Aus wenig späterer Zeit stammt die Fassade eines Hauses der Braunstraße, in der die gotischen Stilelemente durch die Renaissance vollständig überwunden sind. Die Fassade ist in drei Stockwerke gegliedert, die je vier Fenster tragen; unter jedem Stockwerk zieht sich ein Fries hin, der mit je zwölf in vier Abteilungen gegliederten Medaillons geschmückt ist, zwischen denen Atlanten und Hermen, die die Fenster umrahmen, die Verbindung herstellen. Die Fassade, die aller Wahrscheinlichkeit nach aus dem Jahre 1549 stammt, ist von Statius von Düren entworfen, der damals in Lübeck eine Werkstatt unterhielt. Diese Fassade steht in Lübeck nicht allein da.

Es fanden im Mittelalter in Lübeck nicht allein Malerei und Bildschnitzerei Pflege und verständige Förderung, sondern alle Künste standen in hoher Blüte. Je mehr die Reformation in Lübeck Achtung und Einfluß gewann und je mehr Einbuße dadurch die kirchliche Tafelmalerei und Bildschnitzerei erlitt, um so mehr Fleiß und Kraft wandte die noch kunstliebende und kunsttreibende Bevölkerung den angewandten Künsten zu. Aus jener Zeit stammen sehr schöne Terrakotten, schmiedeeiserne und in Holz geschnittene Dekorationen, stammen auch viele schöne Häuserfassaden und Innenräume, stammen endlich der in den Jahren 1574 und 1575 in vollendeten Renaissanceformen erbaute Kirchenstuhl des Rates, die astronomische Uhr von Mathias van Oß (1561—1564) und die Renaissanceumrahmung der Uhr von dem Lübecker Schnitzer Heinrich Mathes (1562). Das Lübecker Staatsarchiv besitzt aus dem Jahre 1545 einen Brief von Paul van Houe, steenhower, Architekt, der dem Rat meldet, „daß er hier in Lübeck anwesend sei, um allhier einige Gebäude nach antiker Weise zu machen, welche Antiken man jetzt für die höchste Kunst erachte, von welcher Kunst man hier in der Stadt aber nichts finde. Es werde der Stadt von großem Nutzen sein, wenn die vielen fremden, hier verkehrenden Edelleute und Kaufleute nicht vergebens nach hier zu besichtigenden Kunstbauten fragen müßten, sondern solche hier beschauen könnten." (Theodor Hach, Anfänge der Renaissance.) Also 1545 war die Renaissance in Lübeck noch nicht anerkannt und durchgedrungen. Kurze Zeit darauf aber entwickelte sich in Lübeck eine außerordentliche Bautätigkeit, die eine letzte, kurze Kunstblüte in der Architektur und den schmückenden Künsten im Gefolge hatte. Die Kriegsstube des Rathauses von Tonnies Evers d. J. aus den Jahren 1595—1605 und das Fredenhagensche Zimmer aus den Jahren 1573—1585 in dem Hause der Kaufleutekompanie krönen diese Entwicklung. Hier dokumentiert sich die meisterhafte Beherrschung der Schnitzkunst der Lübecker Künstler. In diesen beiden herrlichen Werken hat sich die Kunstkraft der Lübecker noch einmal in vollendeter Weise zu einem Reichtum in der Erfindung, zu einer grandiosen Ausnutzung der technischen Möglichkeiten entfaltet, wie sie im Nordosten Deutschlands ganz einzig dasteht. Betrachten wir alle Kunstwerke dieser Zeit, so lesen wir aus ihnen eine gesunde Lebensheiterkeit heraus, eine beglückende Freude an der Formenschönheit und einen leuchtenden Sinn, die Dinge der Welt und das tägliche Leben durch die Schönheit zu verklären. Diese Menschen empfanden das Leben als eine Lust, ließen sich nicht durch die Übertreibungen des theologischen Geistes alle Lebensfreude und allen Lebensgenuß nehmen. Auch ihre Tracht war nicht so nüchtern und häßlich, wie sie es heute ist. Die Menschen gingen nicht in grauen und schwarzen Sündenkitteln durch die Straßen, sondern suchten durch lebhafte und geschmackvoll zusammengestellte Farben in ihrer Kleidung die Anmut ihrer Erscheinung würdig zur Geltung zu bringen.

Noch andere künstlerische Ansätze fanden sich in Lübeck, die im 16. Jahrhundert durch die Einführung der Reformation unterbunden wurden; und diese künstlerischen Ansätze zeigen noch deutlicher, welch eine lebenslustige Stadt Lübeck einst war.

Im 15. Jahrhundert fanden sich auch in Lübeck Anfänge zu einer einheimischen Dichtkunst, für die die Lübecker Fastnachtsspiele von 1430—1515 Dokumente sind. Der ausgezeichnete Lübecker Historiker Carl Wehrmann hat die Titel dieser Fastnachtsspiele der angegebenen Zeit zusammengetragen; daß die Fastnachtsspiele aber 1515 noch nicht abbrachen, ist ebenfalls festgestellt. Erst um das Jahr 1540 scheinen sie zum letzten Male stattgefunden zu haben. Die Zirkelgesellschaft inszenierte diese Fastnachtsspiele, die in jedem Jahre vier Fastnachtsdichter wählte, von welchen zwei für die Herbeischaffung eines Stückes, zwei für die Aufführung zu sorgen hatten. Es ist nicht immer leicht gewesen, Dichter für diese Fastnachtsspiele zu finden; und die beiden, die die Stücke beschaffen sollten, mußten oft lange unter den Bürgern suchen, bis sie einen geeigneten Mann fanden. Oft mußten sie sich auch mit einem Mann von mäßigem Bildungsgrad begnügen, der die Sprache nicht vollkommen beherrschte und seine geringe Kunstfertigkeit durch Derbheit zu ersetzen versuchte. Schon der ältere Historiker Deecke hat nachgewiesen, daß Lübeck sich unter allen niederdeutschen Städten im Fastnachtsdrama hervorgetan hat. Die Forschung hat seit Deecke, der 36 Fastnachtsspiele namentlich aufzählte, wesentliche Fortschritte gemacht; es sind jetzt bis zum Jahre 1537 nahezu 100 derartige Fastnachtsspiele aus Lübeck bekannt, d. h. eine größere Zahl, als sie in Nürnberg aus dem gleichen Zeitalter bekannt sind.

Über die Herkunft der Fastnachtsspiele berichtet Wackernagel: „Durch die langen, strengen Fasten, die der Auferstehungsfeier vorangingen, waren die Lustbarkeiten, mit denen einst das Volk den Frühlingsbeginn und zugleich den Beginn eines neuen Jahres begleitet hatte, von der rechten Stelle verdrängt und zum Teil genötigt worden, erst in dem christlichen Ostern wieder hervorzubrechen; ein noch größerer Teil aber warf sich auf den letzten und die letzten Tage vor der Fastenzeit." Aus dem geistlichen Spiel, den Mysterien und biblischen Dramen, die von Geistlichen verfaßt und von Stiftsschülern dargestellt wurden, hat sich das Fastnachtsdrama herausentwickelt, das eine kulturgeschichtliche Bedeutung hat, weil aus ihm nach und nach das weltliche Drama herausgewachsen ist. Während im Süden Deutschlands im Fastnachtsdrama die alten Sagenstoffe gänzlich vernachlässigt worden sind, sind sie in den Lübecker Fastnachtsspielen verschiedentlich bearbeitet worden, und zwar mit einem sehr ausgesprochenen Hang zum Moralisieren; das besagen schon einige Titel, wie: „De helle vnde vor Crimolt" (1438), „Koning Karl steken vor mit Ollegaste" (1450) und „de Konyngh Artus honeden brandes wys" (1446). Doch auch die antike Geschichte und mehr noch die antike Sage wurde in den Lübecker Fastnachtsspielen verarbeitet. Die Alexandersage und sogar Legenden aus „Tausend und eine Nacht" scheinen in einigen Lübecker Fastnachtsspielen verarbeitet worden zu sein. Auch Virgil war den Lübeckern nicht unbekannt. Aller Wahrscheinlichkeit nach geht das Fastnachtsspiel von 1475 auf Virgils Abenteuer zurück, wie ihn seine Geliebte in einem Korbe außen an ihrer Wohnung zu halber Höhe hinaufzieht und ihn so die Nacht über hängen läßt, damit er am nächsten Morgen dem Gespötte der Menge preisgegeben ist. Ebenso sind in den Lübecker Fastnachtsspielen Motive aus der antiken Sage und Geschichte, Tierfabeln, die Sage von Dornröschen u. dgl. m verwandt worden. Doch nicht allein in den Fastnachtsspielen der damaligen Zeit finden wir Ansätze zu einer niederdeutschen Literatur. Das Volk dichtete selbst Legenden. In der Bearbeitung wunderlicher Geschehnisse zeigte sich die Volksphantasie, die gerne ins Grausige, ins possenhaft Verzerrte und Groteske glitt. Legenden und Sagen wurden erfunden und gingen im Volke von Mund zu Mund. Das Volk erfand Märchen, Spielreigen und Tanzreime. Viele Gedichte und Strophen, die noch im vorigen Jahrhundert hin und wieder im Volke erklangen, sind in dieser Zeit entstanden, wie das alte Lied: „Oll Mann wull rieden un hadd keen Toom", wie die Tierreime, die allerdings den Wandel der Sprache durch den Lauf der Jahrhunderte mitgemacht haben. Die Fastnachtsreime, die Martinsreime sowie die Tanzreime sind in dieser Zeit erfunden, in der in Lübeck noch heitere Lebensfreude und fröhliche Genußfreude herrschte. Welch ein munterer Sinn grüßt uns in dem jetzt schon vergessenen Tanzreim, dessen quirlender Rhythmus das sprudelnde Temperament der Lübecker kennzeichnet:

   Hei bidelitt, mien Mann is kamen.
   Hei bidelitt, wat bringt he mit?
   Hei bidelitt, en Sack mit Plummen,
   Hei bidelitt, denn kaam ick mit.

Aber wenn man sagt, alle diese Verse und Märchen wurden in dieser Zeit erfunden, so ist das nicht ganz zutreffend. Die Stoffe dieser Verse und Märchen wandelten sich nur in eine neue Form. Die katholische Kirche war ja in ihrem ganzen Eroberungskrieg stets vorsichtig und klug genug, sich auf die alten heidnischen Gebräuche bei den Festen zu stützen, ja sie offen zur Weiterbenutzung freizugeben und sie erst ganz allmählich dem katholischen Ritus anzupassen. Infolgedessen ist die Tradition der Volkskunst durch die katholische Kirche niemals unterbrochen worden, sondern nur langsam umgewandelt worden. Daher finden sich auch in den alten Volksmärchen und Volksreimen, die in dem 15. und 16. Jahrhundert in eine neue Form gegossen wurden, noch immer mannigfache Nachklänge aus heidnischer

Zeit. In den Schlafreimen läßt sich ein Zusammenhang mit dem alten Götterglauben nachweisen, in denen Bukuh das Marienwürmchen eine bedeutende Rolle spielt, in denen Hommelland, Hoppeland oder Holland, das Land der Hulda und Holle, immer wieder vorkommen. In späterer Zeit, d. h. im 17. und 18. Jahrhundert, sind im Volke immer weniger Lieder entstanden, weil die Reformation dem Volke die Poesie des Lebens genommen hatte. Noch ein anderer Kunstzweig blühte in Lübeck im 15. und 16. Jahrhundert, ein Kunstzweig, der mit der literarischen Produktion in engem Zusammenhang steht. Die Druckkunst und die Holzschneidekunst wurden in Lübeck um die angegebene Zeit sehr lebhaft gepflegt. Ein Lübecker Geistlicher, der in Paris studierte, ließ zwischen 1489 und 1494 in Paris ein Gebetbuch in niederdeutscher Sprache für die Lübecker drucken. Der älteste Lübecker Druck stammt aus dem Jahre 1475; es sind die „Rudimenta novitiorum". Ein Beweis für das rege Geistesleben der Stadt um 1500 ist die Verlegung der Universität Rostock im Jahre 1487 nach Lübeck, die allerdings schon kurze Zeit darauf auf dringende Vorstellungen der Rostocker wieder dorthin zurückkehrte. Lübecks Bedeutung für den Buchdruck und die Holzschneidekunst kann hier natürlich nur angedeutet werden. Rein gotischen Charakter tragen noch das Passional des Steffen Arndes von 1492, eines weitgereisten und hochgebildeten Buchdruckers, die lübeckische Bibel von 1494, die von Bartholomäus Gothan gedruckten Revelationes S. Brigittae von 1492. Erst nach 1500 finden sich in den Lübecker Drucken Stilelemente der italienischen und deutschen Renaissance; doch der künstlerische Wert der ersten Lübecker Drucke im Renaissancegeschmack steht den früheren gotischen Drucken nach. Zuerst wurde die neue Formsprache durch den aus Speier gebürtigen Ludwig Dietz in Lübeck eingeführt in dem 1531 gedruckten Großen Katechismus Luthers, dessen Rahmen und Einfassungen an rheinische Drucke anklingen. Kräftiger und ausgereifter tritt uns Dietz in seinem berühmten Druck von 1534 entgegen, „De Byblin oth der othlegginghe docton's Martini Luthers yn dyt dudesche vlitich othgesettet mit sundergen vnderrichtungen alse man seen mach. Inn der kayserlichen Stadt Lübeck by Ludewich Dietz gedrucket 1533". Aber auch hier sind die Stilformen noch nicht rein, sondern es ist eine wunderliche Mischung von gotischen und Renaissancemotiven, die Dietz vielleicht nur noch nicht in reiner Form anzuwenden wagte, weil diese „antike Kunstweise" in Lübeck noch zu fremd war. Aber diese Bibel, die unter den bedeutendsten Drucken jener Epoche eine sehr ehrenvolle Stelle einnimmt, ebnete den „antiquitetischen" Formen den Weg. Neben Dietz sind Johann Balhorn und Hans Rengner die bedeutendsten Lübecker Buchkünstler jener Zeit. Auch diese Kunst sank in der zweiten Hälfte des 16. Jahrhunderts von ihrer stolzen Höhe herab. Das aber darf man sicherlich nicht als eine Folgeerscheinung der Reformation ansehen, denn gerade die Buchdruckerkunst ist ja von der Reformation wesentlich und nachdrücklich unterstützt worden. Dagegen hat der Protestantismus dem Volke den herrlichen Wald der alten Legenden genommen und damit einer weiteren Ausbreitung der Volkskunst im Norden für immer den Boden entzogen. Die katholische Kirche war immer kunstfreundlich; innerhalb ihrer Dogmen war Raum für die Kunst gewesen;

Lübecker Renaissancegiebel mit Terrakotten-Fassade
aus der Ziegelei des Statius von Düren in Lübeck

sie hatte im Wechsel der Zeiten immer auf die Gemütsstimmungen und geistigen Bedürfnisse des Volkes Rücksicht genommen und sie für ihre Zwecke dienstbar zu machen gewußt. Dadurch hatte sie ihre ungeheuere Machtstellung im Volke gewonnen und so lange behauptet. Die Lutherischen aber verbannten die Kunst aus der Kirche, statt sie und mit ihr die künstlerischen Kräfte des Volkes zu heben und zu entwickeln. Doch es wäre ungerecht, wollte man den Verfall der deutschen Städtekultur im 16. Jahrhundert allein den Nachfolgern Luthers zuschreiben. Die Nachfolger Luthers hatten den ungeheuren durchschlagenden Erfolg, weil erstens der katholische Klerus in jener Zeit in eine schlimme Sittenlosigkeit verfallen war und Bürger und Bauern durch hohe Abgaben drückte, dann aber auch, weil die Städtekultur selbst, dem Beispiele unzüchtiger Priester folgend, in Zügellosigkeit, Sittenlosigkeit und Gewissenlosigkeit verfiel und weil dadurch in vielen Städten ein verschwenderisches Leben ein glänzendes Elend hervorrief, das die ganze Städtekultur in ungesunde Wege trieb, so daß eine gründliche Reinigung des bürgerlichen Lebens der Zeit eine dringende Notwendigkeit wurde. Der Protestantismus hat die sittliche Reinigung der Städte gründlich durchgeführt. Aber nachdem er diese Aufgabe durchgeführt hatte, hielt er auf der eingeschlagenen Bahn nicht inne, sondern hörte niemals wieder auf, den Menschen ihre Sünden in den fürchterlichsten Übertreibungen vorzuhalten. Statt den Menschen die geistige Freiheit zu geben, zwang er sie nur in einen neuen Dogmatismus hinein, der sich von dem katholischen Dogmatismus einmal dadurch unterschied, daß er poesieloser, nüchterner, trockener, weil kunstfeindlich, war, anderseits aber auch dadurch, daß innerhalb des protestantischen Dogmatismus die Entwicklung des intellektuellen Individuums zur Freiheit und zum Individualismus möglich war. Damit war starken Persönlichkeiten allerdings individuelle Entwicklungsmöglichkeit gegeben — fast alle großen Geister des neueren Deutschlands sind ja nur als Protestanten denkbar — aber das Volk, die Masse, wurde nur von neuem in einen Dogmatismus gepreßt, der enger und schädlicher für die Amplitüde der geistigen Entwicklung des Volkes war, weil er ihm mehr nahm, als er ihm gab; denn innerhalb dieses neuen Dogmatismus der protestantischen Kirche war die Entwicklung des Volkes zu einer Volkskunst unterbunden, abgeschnitten und unmöglich gemacht. Der dogmatische Protestantismus, der die Entsagung von allen Dingen der Welt predigte, der in jeder Vergoldung irdischer Erscheinungen einen schlimmen Frevel erblickte, stellte sich allen Künsten feindlich gegenüber, bekämpfte sie unermüdlich, weil er fürchtete, durch jede Äußerung der Lebensfreude und der sinnlichen Lust an den Erscheinungen der Erde die Herrschaft über das Volk zu verlieren. Als das protestantische Bürgertum dann später die Morallehren der neuen Kirche anerkannt und sich völlig zu eigen gemacht hatte, schob es die Künstler ganz aus seinen Bezirken hinaus und stellte sie in Gegensatz zu der bürgerlichen Welt; denn es ging ihm durch die unermüdlichen Scheltreden der protestantischen Reaktion nach und nach in Fleisch und Blut über, in den Künstlern Feinde des Bürgertums zu sehen. Erst seit dem Machtgewinn des Protestantismus besteht dieser verhängnisvolle Gegensatz zwischen Bürgertum und Künstlertum; erst der Geist der proteſtantiſchen Kirche, der gemäß ſeinen Prinzipien das Künſtlertum fürchten mußte, weil das Künſtlertum ſeine Macht untergraben konnte, hat den Künſtler als Feind des Bürgertums hingeſtellt, die Künſtler beargwöhnt, mit Mißtrauen umlauert, ſie in die Rolle von Nihiliſten des Geiſtes gedrängt. Dieſer Konflikt zwiſchen Bürgertum u d Künſtlertum beſteht nur in proteſtantiſchen Ländern, wird nur in Bezirken fühlbar, in denen die proteſtantiſche Weltanſchauung die herrſchende iſt. Die proteſtantiſchen Länder ſind ſeit dieſer Zeit die Länder der einſamen, großen Perſönlichkeiten, die als jeweiliges Sammelbecken der künſtleriſchen Kräfte unter dem Druck des kunſtfeindlichen Bürgertums wie ein Waſſerſtrahl in einſame Höhe ſchnellen. Die künſtleriſche Volkskultur blieb und wuchs in katholiſchen Ländern.

Wir haben alſo vom 17. Jahrhundert an in Lübeck nicht mehr von einer Lübecker Kunſt, ſondern nur noch von Lübecker Künſtlern zu ſprechen, die in ihrer Heimat, d. h. alſo in Lübeck ſelbſt, das die Kunſt verneinte und ablehnte, immer mehr an Boden verlieren, wie wir ſehen werden, je näher wir der Neuzeit kommen.

Doch dieſe Tendenzen ſchufen ſich natürlich nicht plötzlich Geltung, ſondern drangen allmählich ins Volk und gewannen ganz allmählich das Volk für ſich. Die Lübecker Kunſttradition brach nicht plötzlich ab, ſondern löſchte langſam dahin. Und bevor ſie gänzlich verlöſchte, hat ſie auf manchen Gebieten noch bedeutendes geleiſtet; je ferner die Kunſtzweige dem kirchlichen Machtbereich lagen, um ſo bedeutender waren in ihnen die Kunſtleiſtungen Lübecks im 17. Jahrhundert. Von der Schnitzkunſt, die in der Kriegsſtube des Rathauſes und im Fredenhagenschen Zimmer ihre höchste Blüte erreichte, wurde schon gesprochen; sie wurde auch im 17. Jahrhundert, wie einige Möbel des Lübecker Museums beweisen, noch mit Geschmack und vieler technischen Fertigkeit weiter geübt. Die Keramik blühte noch weiter und hat bis etwa 1650 in Lübeck außerordentlich schöne Werke hervorgebracht; auch die Goldschmiedekunst, die Buchbinderkunst, besonders auch die Architektur sind bis dahin Kunstgebiete, in denen die alte, kräftige Kunsttradition Lübecks lebendig wirkte. Dann aber machte sich auf allen Gebieten ein rasch fortschreitender Verfall geltend. Die kunstfeindlichen Tendenzen des Protestantismus siegten jetzt schnell und überall, indem die Verarmung der Stadt als Folge langer und schwerer Kriegszeiten die ein besseres Jenseits verheißenden Theorien unterstützte. Von einer Lübecker Schule in Malerei und Plastik läßt sich jetzt nicht mehr sprechen. Ja, in diesen Gebieten der bildenden Künste war der Verfall sogar allgemein und tiefgehend, so daß die aus Lübeck hervorgegangenen Künstler in dem europäischen Künstlerkonzert es nicht über eine zweite und dritte Rolle hinausbrachten. Der bedeutendste Maler, der im 17. Jahrhundert aus Lübeck hervorging, heißt Gottfried Kneller. Er wurde am 8. August 1646 in Lübeck geboren. Er studierte in Amsterdam unter Ferdinand Bol, begann in der Art der Rembrandtnachfolger, arbeitete einige Zeit in Lübeck und ging dann nach London, wo er der Modemaler der englischen Aristokratie wurde und vom Könige die höchsten Auszeichnungen empfing. Die Bilder seiner zweiten Schaffensperiode bewegen sich in der Richtung des van Dyck. Seine Porträts sind nicht psychologische

Meisterwerke, sondern mehr aufs Dekorative gestellt, weich und anmutig in der Farbe. Gottfried Kneller starb am 27. Oktober 1723; sein Bruder Zacharias, der ebenfalls nach London ging, spielt als Künstler nur eine untergeordnete Rolle. Es ist weiter Burchard Wulff († 1701) zu nennen, über den Paul Hasse eine kleine Monographie veröffentlicht hat. Auch Jürgen Matthias von der Hude (1690—1751), ist nur von epigonenhafter Bedeutung. Bedeutender ist der von Dresden nach Lübeck berufene italienische Maler Stefano Torelli, der die Wandgemälde im Senatssitzungszimmer des Rathauses geschaffen hat. Torelli hielt sich nur vorübergehend in Lübeck auf. Nachdem er in den siebziger Jahren des 18. Jahrhunderts seinen Auftrag erledigt hatte, zog er wieder fort. Kurze Zeit darauf ist aus Hamburg ein Maler, Johann Jakob Tischbein, (1715—1791) nach Lübeck übergesiedelt, der einige Erfolge als Landschafter erntete, besonders aber eine Reihe hervorragender Bildnisse geschaffen hat. Weiter ist von Lübecker Malern bis zum Anfang des 19. Jahrhunderts nichts wesentliches zu berichten.

Erfreulicher gestaltet sich das Bild des geistigen Lebens der Stadt auf den Gebieten der Musik und des Theaters. Die Musik wurde infolge ihres spirituellen Charakters von den Protestanten nicht verboten, sondern sogar ausgebaut und weiter entwickelt. Das St. Catharinenkloster wurde auf Bugenhagens Veranlassung 1531 in eine lateinische Schule umgewandelt. Die früheren Mönche traten in diese Schule teils als Schulmeister, teils als Chorsänger ein; ein Kantor nebst vier Pädagogen leiteten den Gesangsunterricht der Schule, in der nicht nur der Choralgesang, sondern auch Messen gesungen wurden. Diese eifrige und gut organisierte Pflege der Kirchenmusik entwickelte in der Stadt ein lebendiges Interesse an der Musik und bereitete in Lübeck einen Boden, aus dem musikalische Talente herauswachsen und auf dem sie sich entwickeln konnten. Hinrich Markus (1579—1611) und Hermann Aebel (1612—1616 Organist an der Marienkirche) sind die frühesten Namen von Bedeutung, die uns in der Musikgeschichte Lübecks begegnen. Beide werden noch hell überstrahlt von Franz Tunder (1614—1667), der in Rom studierte und jahrzehntelang in großzügiger Weise das Musikleben der Stadt leitete. „Tunders Vokalkompositionen", schreibt Carl Stiehl in seiner Musikgeschichte der Stadt Lübeck, „bauen sich nament ich da, wo ihnen eine Choralmelodie als Cantus firmus zugrunde liegt, in dem damals üblichen Orgelstyle auf; in den Cantaten ist die Arienform bereits leidlich ausgebildet, und die begleitenden Stimmen bewegen sich vielfach mit contrapunktischer Freiheit. Gegenüber dem melodischen Elemente tritt der kolorierte Gesang noch stark in den Vordergrund." Tunders Nachfolger als Organist der Marienkirche war Dietrich Buxtehude (1637—1707), der in Lübeck die „Abendmusiken" einführte, die von Martini bis Weihnachten an fünf Sonntagen stattfanden, „so sonst nirgendwo geschieht". Sein Nachfolger war Johann Christian Schiefferdecker aus Weißenfels und dessen Nachfolger Johann Paul Kuntzen, der sich 1732 am Sonntag Quasimodogeniti als „Compositore nud Direttore della musica" in der Marienkirche einführte, sich der weiteren Pflege der Abendmusiken annahm und versprach, alles „Hochstrebende und Schwülstige in genauer Nachahmung der Natur für tendern und affectuösen Ausdruck" zu vermeiden. Unter seinem Nachfolger, Johann Wilhelm von Königslöw, wurde in den Abendmusiken 1792 zum ersten Male Händels Messias und 1794 Händels Saul aufgeführt. Im 18. Jahrhundert kamen schon häufiger Operngesellschaften nach Lübeck, die hauptsächlich italienische Opern zur Aufführung brachten. 1789 wurde die Entführung von Mozart, 1793 der Don Juan und 1794 die Zauberflöte in Lübeck zum ersten Male zu Gehör gebracht.

Englische Komödiantentruppen, die seit Ende des 16. Jahrhunderts die Städte des nördlichen Deutschlands besuchten, scheinen im Anfang des 17. Jahrhunderts zum ersten Male nach Lübeck gekommen zu sein. Eine sichere Nachricht, daß „wandernde Banden" auch Lübeck besuchten, ist uns erst aus dem Jahre 1639 erhalten; von da an haben dann verschiedentlich sowohl englische wie auch deutsche Komödiantentruppen Lübeck besucht und den Bewohnern manche Kurzweil und Unterhaltung geboten. Die Komödianten mußten von dem „hochweisen Rat" der Stadt die Erlaubnis zum Spielen einholen, und die Geistlichkeit übte oft eine harte Zensur. Am 12. Februar 1697 kam eine nordische Theatergesellschaft nach Lübeck, die ein Stück zur Aufführung brachte, das sie folgendermaßen empfahl: Heute Freytag den 12. Februar Soll ein unvergleichliches Schau-Spiell auff dem Schauplatz der Hochdeutschen Comoedianten praesentiret werden,

Genannt
Der Wundertätige und zum Himmel fahrende
Elias
Mit künstlichen Maschinen und Flugwercken

aus der Luft und Himmel, auch mit Pickelhärings
Kurtzweil vermischet.
Nach der Aktion wird ein lustiges Nachspiel praesentiret.

Daß die Lübecker Geistlichkeit einem solchen gottlosen
Unsinn, der mit der Wichtigkeit einer großen Komödie
auftrat, nur grollend zuschauen konnte, versteht sich.
Aber je weiter die Bühne sich entwickelte und vervoll-
kommnete, um so unduldsamer wurde die Geistlichkeit,
wie auch Carl Stiehl in seiner Geschichte des Lübecker
Theaters bemerkt. Velten, der Führer einer „berühmten Bande", der auch Lübeck mehrfach besuchte, hat für
die Entwicklung des deutschen Theaters außerordent-
liches geleistet. Ihm wurde in Berlin das Abendmahl
verweigert; die Geistlichkeit der Hansastädte machte ihrem
Haß gegen Velten in heißen Worten Luft und verbot
ihren Gemeindemitgliedern in einer Flugschrift den Besuch „der Werke der Finsterniß in denen öffentlichen
Schauspielen". Als Veltens Gattin einmal in Hamburg an einem hitzigen Fieber darniederlag und sich
„wegen ihrer sündlichen Profession mit Gott versöhnen
wollte und das heilige Abendmahl verlangte, da wollte
kein Prediger das Heiligtum dieser ‚Hündin‘ geben,
ehe und bevor sie an Eides Statt angelobet, diese
unheilige Lebensart künftighin gänzlich zu quittieren.
Welches letztere auch geschehen, aber sie schlecht Wort
gehalten und bald wiederum revertieret". „Den direk-
ten Angriff, welchen der zelotische Pastor Winckler gegen
die Velten richtete, erwiderte die mannhafte Frau durch
ihre im Jahre 1701 erschienene Schrift: „Zeugnis der
Wahrheit vor die Schau-Spiele oder Comödien wieder
Johann Josephs Wincklers, Diaconus in Mageburg,"

Haustür eines Lübecker Patrizierhauses in der Mengstraße (Ende des 16. Jahrhunderts)

mit der Überschrift: „Des heiligen Vaters Chrysostomi Zeugniß der Wahrheit wieder die Schauspiele verdeutschet und in etwas erläutert, herausgegebene Schrift, aus vieler Theologorum Zeugniß, auch anderer Gelehrter Schrifften zusammengetragen und aufgesetzet von Frau C. C. Velthemin." (Carl Stiehl, Geschichte des Theaters in Lübeck.) Velten hatte unter seinem Szepter die bedeutendsten Schauspieler seiner Zeit vereinigt. Sein Repertoir bestand hauptsächlich aus Haupt- und Staatsaktionen, in denen die auftretenden Personen von hohem Range waren. Als Unterlage für seine Komödien spielten anfangs biblische Stoffe und alle möglichen Legenden noch eine bedeutende Rolle; aber mehr und mehr wurden die Begebenheiten der letzten Zeitgeschichte als Motive für die Komödien benutzt und mit vielen Übertreibungen und den wildesten Bühneneffekten ausgestattet.

Aus dem ersten Viertel des 18. Jahrhunderts ist eine charakteristische Einladung zu einer Ratskomödie erhalten; sie lautet:

Denen Magnificis
Hoch- und Wohl-Edlen, Vesten, Hoch-Gelahrten
Hoch- und Wohlweisen Herren.
Bürgermeistern und Rath
Der Kayserlich Freyen und des Heil. Römischen
Reichs-Stadt Lübeck
Ihren
Hoch-gebietenden Gnädigen Herren
Dediciret zur Bezeigung der Unterthänigsten Pflicht
und aus dankbahrem Gemühte, vor bishero
Erwiesene Gnade.

Eine modeste und galante Haupt-Aktion,
Betitult:
Der vor das Wohlseyn des Vaterlandes
sich selbst aufopfernde Croesus
Oder
Der stumme verliebte Prinz Atis,
Oder
Arleqvin der Lächerliche Tablet-Krämer
Nebst
Einem Musicalisch Prologo v. d. 4 Theil. der Welt.
Und will sich hiermit in fernerer Huld und Gewogenheit
empfehlen Die Anwesende Bande der hoch-
Teutschen Chur-Sächsischen Hoff-
Comödianten.

An eine lange Lobpreisung Lübecks schließt sich dann noch eine zierlich-devote Unterschrift:

Wir werden Uns höchst beglückt schätzen, wenn diese Piece dero Hohen Gegenwart gewürdiget, und in Gnaden aufgenommen wird, Ja Wir werden gleich den Schiff-Fahrenden, wann wir dero hohe Gnade aus das Capo bonae Spei erblicken, den Ancker unserer Glückseligkeit auff das festeste einsencken können und Zeit Lebens in dieser Submission verharren
Dero
Unterthänigst-Demüthigste Diener.

Die lustige Person des Pickelhärings oder des Harlekins flocht in alle blutigen Dramen humoristische Wirkungen ein. Durch die Willkür der Schauspieler drohte aber die Theaterschriftstellerei sich immer mehr von der wirklichen Dichtung zu emanzipieren, und auch die Schauspielkunst verfiel in ein übertriebenes Pathos und Ge-

Die Kultur und die Künste in Lübeck bis 1806

bärdenspiel. Doch diese Ausschreitungen wurden von einer rechtzeitig einsetzenden Reaktion niedergekämpft, und die Schauspielkunst lenkte wieder in gesundere Bahnen. Der Name Friederike Neubers ist mit dieser Stilwandlung des deutschen Schauspiels eng verknüpft. Ihre bemerkenswertesten Taten sind, daß sie den Harlekin von der Bühne verbannte und ihr Repertoir durch die Stücke der neuesten französischen Dichter auf ein bedeutend höheres Niveau brachte; auch hat sie Lessings Jugendarbeiten sehr frühe schon für ihre Truppe erworben. „Nun können Sie sich vorstellen," schreibt im Jahre 1733 ein Reisender an seinen Freund, „wie großes Vergnügen ich genossen habe, da ich die besten Stücke von Corneille, Racine, Le Grand, Jolly, Boisi, Maviraux, des Touches und anderen berühmten Meistern in gebundener und ungebundener Rede übersetzet, und sie mit großer Lebhaftigkeit, Ordnung und Anmut aufführen sahe. Ich glaubte in diesem Stücke fast meinen eignen Augen und Ohren nicht. Denn unter allen Banden deutscher Comödianten war dieses die erste, die sich aus dem Schlamm der unerträglichsten Narrheit und Unflätherehen herausreißen wollte, womit die übrigen wie die Hottentotten mit ihren Thiergedärmen Staat machen. Viele unter dieser troupe haben fast alle möglichen Rolen mit der größten Justesse gespielet, die man nur begehren konnte. Auch sogar die actrices, suchten sich hervor zu thun, weil sie an ihrer Prinzipalin, der geschickten Neuberin, eine so starke Vorgängerin und Lehrmeisterin hatten." Nach der Neuberschen Truppe, die sich auch in Lübeck einige Male zeigte, haben noch viele bedeutende deutsche und ausländische Komödientruppen Lübeck besucht, die wir hier natürlich nicht einzeln aufzählen können. Im Jahre 1752 wurde in Lübeck schon ein Opernhaus erbaut, in dem von nun an alle theatralischen Vorstellungen der wandernden Komödientruppen stattfanden. Eine französische Operngesellschaft eröffnete das Theater; ihr folgten die Schuchische und Schönemannsche Truppe; letztere führte am 3. Februar 1757 zum ersten Male in Lübeck Miß Sara Sampson, ein bürgerliches Trauerspiel von Herrn M. Lessing auf. Die protestantische Geistlichkeit mühte sich nach wie vor, das künstlerische Leben der nordischen Städte zu unterwühlen. 1770 entfachte Hauptpastor Melchior Goeze in Hamburg in seinem fanatischen Haß gegen die Kunst jenen berüchtigten Kampf gegen die deutsche Schaubühne, in dem ihm der Lübecker Pastor Peter Hermann Becker zur Seite stand. Aber das Ende des 18. Jahrhunderts war in allen Kulturländern zu lebensfroh und heiter gesinnt, um sich durch die Übertreibungen der reaktionären Theologie seinen Kunsttrieb und sein Kunstbedürfnis gänzlich ersticken zu lassen; die französische Geistesbildung des Bürgertums parallelisierte die maßlosen Angriffe der Theologen. Auch Lübeck hatte gerade im Winter des Jahres 1772 sein bisher bedeutendstes Theaterjahr, in dem die hamburgische Schauspielergesellschaft unter der Führung von Friedrich Ludwig Schröder und Charlotte und Dorothea Ackermann Lübeck besuchte. Molières, Diderots, Goldonis Werke wurden von dieser Gesellschaft in Lübeck aufgeführt. Im Jahre 1785 gastierte sogar August Wilhelm Iffland längere Zeit in Lübeck. Drei Jahre später wurden Lessings Nathan der Weise und Emilie Galotti und Schillers Don Karlos zum ersten Male gegeben; und aus dem letzten Jahrzehnt des 18. Jahrhunderts sind Aufführungen von den Räubern und von Shakespeares Hamlet und der Widerspänstigen Zähmung besonders bemerkenswert. Wie lebhaft die gesamte Bevölkerung an dem Theaterleben der Stadt teilnahm, erhellt am besten daraus, daß schon seit Ende der achtziger Jahre sich in Lübeck immer mehr der Wunsch nach einem ständigen Theater geltend machte, das im letzten Jahre des 18. Jahrhunderts, im Jahre 1799, endlich in Lübeck unter der Direktion von Friedrich August Leopold Löwe begründet wurde. Sein Nachfolger H. P. F. Hintze urteilte über den ersten Lübecker Theaterdirektor im Jahre 1820:

„... Nach dem Tode der Witwe Tilly übernahm ein zwar noch junger, aber lebenskräftiger Mann mit umfassenden, besonders musikalischen Talenten, mit Kenntnissen des übernommenen Geschäfts und dem reinsten Willen, der ihm anvertrauten Anstalt nicht nur eine feste Dauer, sondern auch von außen Achtung und bedeutenden Ruf zu verschaffen, die Leitung des hiesigen Theaters. Löwe, so hieß der treffliche, junge Mann, selbst der Sohn eines in früherer Zeit nicht unrühmlich bekannten Schauspieldirektors, fixierte die Bühne nun für immer in Lübeck und wußte, in Verbindung mit einem ökonomischen Geschäftsführer, auch die pekuniären Angelegenheiten derselben zu ordnen, daß ihm bei der gesteigerten Teilnahme unseres Publikums an theatralischen Vergnügungen nach und nach ein nicht unbedeutendes Vermögen daraus erwuchs. Die Zeit war die glänzendste des hiesigen Theaters. Die Oper besonders hatte eine so bemerkenswerte Höhe erreicht, daß die sonst auf jedes Eigentümliche so stolzen Hamburger selbst bey ihren früheren häufigen Besuchen in

Lübeck den Unsrigen ohne Bedenken den Vorzug vor den Ihrigen einräumten. Auch im Schauspiel waren vorzügliche Talente beschäftigt. Die Namen Mädel, Pögglen, Vio, Schulz und ihre Frauen werden noch jetzt mit großer Achtung genannt, ja, man möchte behaupten, daß später, exceptis excipiendis, keine so herrliche Zusammenwirkung vorzüglicher Kräfte jemals auf unserer Bühne wieder stattgefunden habe."

Wenn wir diese Tatsachen aus dem geistigen Leben Lübecks im 18. Jahrhundert überblicken, gewinnen wir den Eindruck, daß besonders in der zweiten Hälfte des 18. Jahrhunders der zunehmende Wohlstand die Bürger Lübecks das Leben wieder ein wenig behaglicher und freudiger genießen ließ. In Halle hatte schon 1688 Thomasius in verschiedenen Schriften, die für die Ausbreitung der Bildung eintraten, gegen die erstickende Vorherrschaft der protestantischen Theologie Front gemacht; aber die Wirkung der Schriften dieses Nachfolgers Pufendorfs machte sich besonders im Norden Deutschlands erst viel später geltend. Sie erlangte in den breiteren Schichten der Bevölkerung erst Geltung, nachdem der weltmännische und weltliche Zug, das Wesentlichste der neufranzösischen Bildung, die vergnügliche Lebensart und die galante Leichtlebigkeit, das Land durchdrungen hatten. Je stärker der Einfluß der neuen französischen Bildung wurde, um so heftiger wurde die Opposition gegen die Kirche. Sie verschärfte sich zu einem Trotz gegen das zelotische und polemische Wesen der Pfaffen, verlangte Duldsamkeit gegen Andersgläubige und Ungläubige und forderte „So soll ein Galanthomme auch kein Pedante seyn." Am deutlichsten sehen wir heute noch den Einfluß der französischen Bildung in der Sprache. Ich habe absichtlich hier einige Ankündigungen von Theatergesellschaften wiedergegeben; denn die reisenden Komödiantentruppen haben gerade an der Umwandlung der Sprache, an der Durchsetzung des Deutschen mit französischen Worten sehr mitgewirkt; ihre Aufführung französischer Stücke tat das übrige. Und nach und nach wurde die französische Sprache die Gesellschaftssprache der Gebildeten, aber auch die breiteren Schichten der Bevölkerung untermischten ihre Unterhaltungen mit französischen Worten; und es galt für absolut erforderlich, in Briefen die Anrede französisch zu schreiben. Wenn man diese selbstlose Aufgabe der deutschen Sprache auch beklagen kann, wenn man es als unwürdig ansehen wird, daß Deutsche jener Zeit erklärten, „es sey nichts gemeiner, als deutsche Briefe zu schreiben", so ist doch anderseits nicht zu leugnen, daß dieses radikale Aufgehen in der französischen Bildung den Deutschen viel von ihrer Derbheit, Härte und manche Plumpheit nahm, und daß auch die deutsche Sprache durch diesen Einfluß zierlicher, beweglicher und eleganter wurde.

In Lübeck erreichte der Einfluß der französischen Bildung erst von der Mitte des 18. Jahrhunderts an allgemeine Bedeutung; dann aber durchdrang er alle Kreise und hielt sich länger als irgendwo sonst, besonders in der seltsamen Mischung von Hochdeutsch, Plattdeutsch und französischen Wendungen. Ferdinand Röse, der in seinem neuen Eulenspiegel ein sehr hübsches Bild des Lübecker Kulturlebens dieser Zeit entworfen hat, gibt einmal ein charakteristisches Beispiel dieses sprachlichen Konglomerats: „Monsieur Hans Michael Till Eulenspiegel, da er jetzt hat gelernt sechs

Jahre bei mir treu, fleißig und ordentlich und ist auch sonst gewesen seine conduite, daß man kann sein content, und da die löbliche Zunft der Perruquiers zu Lübeck hat gesehen und gutbefunden sein Probestück, die Allongeperücke für seine Magnificence Monsieur le Consul de cette ville, so erkläre ich ihn durch diesen Lehrbrief für einen Gesellen und ausgelernt in der Kunst der Perruquiers, solcher zur Urkund ich ab geschrieben und untersiegelt, wie folgt." Die lange Dauer dieses französischen Einflusses in der Sprache der Gebildeten Lübecks wird daraus erklärlich, daß Lübeck an der Entwicklung der deutschen Literatur von 1750—1850 keinen persönlichen Anteil nahm und vielleicht auch durch die lange Dauer der napoleonischen Herrschaft in Lübeck. Jedenfalls kann man zuweilen sogar noch heute von älteren Leuten in Lübeck Wendungen hören wie: „Ich habe mich brouilliert mit ihm; und er hatte tort," während im allgemeinen diese beiden und ähnliche Worte doch nicht zum Fremdwörterbestand der deutschen Sprache zu rechnen sind.

Die galante Zeit, die in Lübeck in die zweite Hälfte des 18. Jahrhunderts fällt, machte sich neben der deutschfranzösischen Mischsprache und mehreren französischen Gelegenheitsgedichten Lübecker Bürger auch in der Verfeinerung der Lebensführung geltend. Die Patrizier statteten ihre Wohnungen eleganter aus, strebten in ihren Wohnräumen nach breiter und reicher Behaglichkeit: große, hohe Dielen, breite, bequeme Treppen, hohe Zimmer mit Flügeltüren und großen Fenstern mit Tafelscheiben, kostbare Kronleuchter und riesenhafte Kamine. Weil gewissermaßen immer nur verlorene Wellen der Stil- und Bildungsbewegungen Lübeck er-

Das Rathaus
Nach einer Radierung von Nita Spilhaus

Die Kultur und die Künste in Lübeck bis 1806

reichten, und der Reichtum der Patrizier gewisse Grenzen niemals überschritt, so ist Lübeck von einer maßlosen Prunksucht ebenso verschont geblieben wie von einer Verwilderung in der Außenarchitektur. Das Pathetische und der Schwulst des Barock und das Überzierliche des Rokoko finden wir in Lübeck so gut wie gar nicht. Dagegen entwickelte sich in Lübeck analog dem süddeutschen Barockstil ein norddeutscher Barockstil, der sich in wunderschönen Häusern aussprach, die klar und anmutig gegliedert sind, deren schmückende Details und dekorativen Nebenwerke sich in lieblichen Wellenlinien bewegen.

In den Kaminen, den Möbeln, Türen und Türfassungen erlebte das sinkende Kunstgewerbe eine köstliche und reiche Nachblüte, die besonders in der Zimmermannskunst durch ihre Stilsicherheit und durch ihren Motivenreichtum in ganz Deutschland an erster Stelle steht, schon allein, weil sie noch einmal das ganze Volk erfüllte. Noch heute, wenn man Alt-Lübeck durchwandert, findet man in kleinen Bürgerhäusern aus der Zeit von 1750—1810 an Haustürumrahmungen, an den Holztüren selbst, in ihrer Gliederung und in der Dekoration dieser Gliederungen einen unermeßlich reichen Motivenschatz, der von einer vollkommenen Sicherheit des Stilgefühls, von einer Beweglichkeit innerhalb dieser Stilmöglichkeiten und von einem Schönheitsgefühl zeugt, die bewundernswert sind und uns gleichzeitig traurig stimmen, wenn wir dann bedenken, wieviel in Lübeck in den letzten hundert Jahren verloren gegangen ist. (Ich glaube nicht zu viel zu sagen, wenn ich die untereinander verschiedenen Stilmotive des Barock an den noch heute erhaltenen Lübecker Türen auf einige hundert schätze.)

Die Kultur und die Künste in Lübeck bis 1806

Wie in den Fassaden und Türen in dieser Zeit alles Leere und Steife verschwindet, die Flächen durch Dekorationen belebt werden, so werden auch die Zimmer selbst weicher, gezierter und geschweifter; die Möbel werden zarter, mit verwaschenen Farben: rosa, blaßgelben, hellgrauen und wasserblauen Stoffen bespannt und in diesen freundlichen Räumen der Patrizier bewegten sich die Menschen natürlich, frei und ursprünglich in einer gefälligen Grazie und pflegten geistreiche und künstlerische Unterhaltungen. Es gab auch damals einige wenige freier gesinnte Theologen, wie den Prediger Suhl, der im Januar 1789 mit einigen angesehenen Bürgern der Stadt eine literarische Gesellschaft begründete, die im Jahre 1793 den Namen einer Gesellschaft zur Beförderung gemeinnütziger Tätigkeit annahm und seit dieser Zeit bis auf unsere Tage sich um das Wohl der Stadt sehr bedeutende Verdienste erworben hat. Eine Bibliothek und eine naturgeschichtliche Sammlung, die später zu dem Lübecker Museum ausgebaut wurde, wurden gleich im Anfang dieser Gesellschaft begründet; Ausbildung von Wundärzten, Speiseanstalten für Notleidende, eine Sonntagsschule, eine Industrieschule für Mädchen und ähnliche gemeinnützige Unternehmungen hat diese Gesellschaft später ins Leben gerufen. Im geistigen Leben Lübecks spielten um die Jahrhundertwende Johann Heinrich Voß, der zuweilen in Lübeck weilte, Bürgermeister Christian Adolf Overbeck, der Dichter Georg Philipp Schmidt von Lübeck und Carl Georg Curtius eine besondere Rolle. Ein Franzose, Charles de Villers, den die Revolution aus seinem Vaterlande vertrieben hatte, fand im Hause des Lübecker Ratsherrn Rodde Aufnahme, einer der gebildetſten und kunſtbegeiſtertſten Lübecker der damaligen Zeit, der eine prachtvolle Gemäldeſammlung beſaß, die 1811 verſteigert wurde, der u. a. auch dem Maler Asmus Jacob Carſtens die Mittel darbot, ſein Kunſtſtudium in Berlin fortzuſetzen.

So iſt das Bild des geiſtigen Lebens in Lübeck um die Wende des 19. Jahrhunderts noch einmal ein hocherfreuliches. Da erſchienen im Jahre 1806 napoleoniſche Truppen vor den Toren Lübecks, eroberten die Stadt, plünderten die Bürgerhäuſer, unterbanden den Handel und brachten ſo die aufblühende Handelsſtadt mit einem Schlage wieder an den Rand der Armut. Nun erhob ſich wieder die proteſtantiſche Theologie, nutzte die melancholiſche Stimmung der Bevölkerung, predigte gegen den ſündigen Geiſt der Menſchheit, wodurch ſie den Geiſt der Lebensfreude und der galanten Leichtlebigkeit der letzten Jahrzehnte treffen wollte, und ſie errang von neuem eine Macht über die Menſchen, um ſie herabzudrücken und in jahrzehntelangen Kämpfen die letzten Äußerungen von Lebensfrohſinn und Genußfreude, die letzten Äußerungen der Kunſtkraft des Volkes zu erſticken. Doch wir werden ſehen, daß noch fünfzig Jahre lang trotz des lebensfeindlichen Druckes des proteſtantiſchen Dogmengeiſtes die künſtleriſchen Kräfte im Volke fortglimmten, ehe ſie verlöſchten.

Lübecker Kultur und Kunst im 19. Jahrhundert.

Im Jahre 1814 wurde Lübeck frei von der Franzosenherrschaft; anfangs schien es, als sollte wieder alles werden, wie es gewesen war. Die Großkaufleute erholten sich von den Schrecken der Fremdherrschaft. Der Handel kam von neuem in Fluß. Die alten Patrizierfamilien sammelten von neuem Vermögen und wuchsen dadurch über die Sorgen des täglichen Lebens hinaus. Als Geldsorgen sie nicht mehr drückten, da wachte die alte Daseinsfreude in den älteren Patriziern, die die letzten schönen Jahrzehnte im 18. Jahrhundert noch mit erlebt hatten, wieder auf. In den Mußestunden wurden im Familienzirkel weitschweifige, geistreiche Unterhaltungen gepflegt und die Abendstunden in gezierten Reden mit den schönen Künsten traulich vergoldet. An Familienfesten nahmen Gelegenheitsdichter teil, die in gewandten Versen dem Hausherrn oder der Hausfrau mit freundlichem Witze entzückende Dinge zu sagen wußten, und zierliche Gedichte schöngeistiger Männer wurden von Hand zu Hand gereicht:

Palindrom:
(Erwiderung einer Schönen an einen faden Schwätzer und abgestandenen Liebhaber.)

Soll, bester Freund, auch ich ein Wort dir nennen,
Mußt du fein fünfe zählen können;
Denn fünf der Zeichen sind es, die dir sagen,
Was ich begehr, soll mir ein Mann behagen.

Im ersten, besten Sinn genommen,
Ist dieses „Was" in allen Pulsen der Natur, —
Minette hat's wie du bekommen;
Im höheren ist es in Menschenseelen nur.

Da wohnet es und — wie aus Fenstern — blicket
Es aus dem Aug' — o glänzend heller Stern.
Und spielt im Antlitz, und es nicket
Zu seinem Gruß ein jedes Mädchen gern.

Du hast es nicht; dein mattes Aug' umgiebet,
Was umgekehrt die fünfe in sich schließen.
Kein Wunder auch, da dies die Plätze liebet,
Wo Wasserbäche schäumend sich ergießen.

Von der Nachblüte des gefühlvoll-rationalistischen Geisteslebens in Lübeck während der ersten Jahrzehnte nach der Befreiung von der französischen Fremdherrschaft hat Thomas Mann im ersten Teil seiner Buddenbrooks ein plastisches Bild entworfen, in dem sich der Zeitgeist der Lübecker Patrizierkreise wundervoll widerspiegelt. Während nach den Befreiungskriegen in vielen deutschen Städten und Residenzen eine neue Geisteskultur heranwuchs, lebte in Lübecker Patrizierkreisen unter den geistigen Konventionen des 18. Jahrhunderts eine zopfige Idylle auf, die kulturell nicht schöpferisch, sondern nur ein schöner Abgesang war. Wie ein fernes Echo drangen die Ideen der neuen Zeit nach Lübeck; in zahmer Form, sofern sie die Lübecker

Idylle nicht störten, wurden sie aufgenommen und geduldet.

Der Mittelpunkt des geistigen Lebens war nach wie vor die Gesellschaft zur Beförderung gemeinnütziger Tätigkeit, in der die bedeutendsten Männer der Stadt, kunstliebende Kaufleute, junge Prediger, Historiker und Pädagogen der städtischen Lehranstalt sich vereinigten. Das Catharineum erreichte in der ersten Hälfte des 19. Jahrhunderts die Zeit seines höchsten Glanzes; der Ruhm dieser Schule durchdrang in diesen Jahren die angrenzenden Länder, so daß viele Adlige aus Holstein und Mecklenburg ihre Söhne nach Lübeck auf das Catharineum schickten. Dem Latinist Direktor Jacob ist das Aufblühen dieser Schule besonders zu danken. In den dreißiger Jahren gründeten einige junge Lübecker die „Lübeckischen Blätter", die sich um die Förderung der historischen Forschung und um die Förderung gemeinnütziger Bestrebungen hohe Verdienste erworben haben und unter vielen deutschen Zeitschriften dadurch ganz besonders hervorragen, daß sie nicht nur die Bürger der Stadt zu freier Meinungsäußerung aufforderten, sondern tatsächlich jedem der um freie Meinungsäußerung bat, ihre Spalten zur Verfügung stellten. Es gibt nicht viele lokale Zeitschriften, deren Jahresbände das Leben einer Stadt so mannigfaltig widerspiegeln.

Nach den sechziger Jahren wurden sowohl die „Lübeckischen Blätter" wie auch die Gesellschaft zur Beförderung gemeinnütziger Tätigkeit von der protestantisch-orthodoxen Reaktion stark beeinflußt und eingeengt. Auch die Nachkommen der alten Patriziergeschlechter aus der ersten Hälfte des 19. Jahrhunderts wurden durch diese Bewegung in ihrer Entwicklung gehemmt, die Spannweite ihrer geistigen Dehnung beschnitten und ihr Geist in gewisse Grenzen gedrückt. Aber den Charakter dieser starken Naturen vermochte die Bewegung doch nicht zu brechen. Es ist ein seltsamer Eindruck für einen Menschen, der draußen im Leben umflutet von neuen Geistesströmungen steht, Nachfahren dieser alten Patriziergeschlechter in ihrem Wirkungskreise aufzusuchen.

Man tritt in einen weiten, geräumigen Salon, in dessen Hintergrunde unter Oleander und Palmen der Christus von Thorwaldsen steht. An einem umfangreichen Tische sitzt in einem gediegenen, alten Mahagonistuhl eine ganz kleine, alte Dame mit gescheitelten, schwarzen Haaren, die Hausfrau. Sie nimmt die Brille ab und legt das Buch weit auf den Tisch zurück: es ist entweder der „Kampf um Rom", oder es ist ein Band der „Ahnen" oder „Soll und Haben" von Gustav Freytag, in dem sie seit fünfzig Jahren immer noch liest. Liebenswürdig und freundlich, mit zurückgehaltener Freude wird der Gast begrüßt mit einer Selbstverständlichkeit, als wäre er erst gestern dagewesen, wenn er auch 15 Jahre lang das Haus nicht betreten hat. Diesen Menschen fehlt jede Empfindung für Zeit. Fünfzig Jahre deutscher Geistesentwicklung sind ihnen spurlos vorübergegangen. Der weißhaarige Hausherr tritt ein, Geroks Palmblätter in der Hand, und spricht von Emanuel Geibel und Theodor Storm, als hätten sie noch gestern in seinem Hause zu Nacht gegessen. Hier scheinen Zeit und Leben seit fünfzig Jahren stehen geblieben zu sein. Ich glaube, selbst der leidenschaftlichste Revolutionär, selbst der wildeste Anarchist würden vor diesem Grad von Unwandelbarkeit und

Markt, Rathaus und Marktbrunnen
Nach einer Radierung von Nita Spilhaus

Beständigkeit in einem Gefühl von heiliger Scheu und Ehrfurcht verstummen und den merkwürdigen Zauber dieser unglaubhaften Kreise genießen, in denen die Menschen nie zu sterben scheinen, wenigstens alle ein sagenhaftes Alter erreichen. Denn in dieser altmodischen Stube erscheint alles da draußen, das Kämpfen und Ringen um neue Probleme und Geistesleben, wie ein ganz ferner und unberechtigter Traum. Wenn man dann aber einen Band Gedichte von Gustav Falke oder Detlev von Liliencron aus der Tasche zieht, um ihn der 30- oder 40jährigen Tochter des Hauses zu überreichen, wird man plötzlich in seine Welt zurückgeworfen, und man fühlt die Fremdheit zwischen der toten Welt jener und der lebendigen; denn der greise Vater wird hart und grausam und entreißt der Tochter das Buch, das nichts für junge Mädchen sei. Sie solle sich nicht unterstehen, nach der Lektüre so verderblicher Bücher zu verlangen. Der Gast wird nur wenig milder vor dem Einfluß so sittenloser Werke gewarnt; die Verwarnung endet damit, daß einige Palmblätter von Gerock verlesen werden. Der Gast aber liest aus dem Antlitz der schon alternden Tochter, daß in diesem Wesen durch eine grausame Bevormundung der Eltern ein Menschenleben geknickt worden ist, einem Temperament die Entwicklungsmöglichkeiten abgeschnitten wurden, bis es vereiste.

Und doch haben diese alten Menschen, diese letzten Nachkommen einer alten und großen Kultur, in ihrem ganzen Wesen Stil und Charakter, ein reiches und tiefes Gemüt, Geradheit, Treue und Charaktersicherheit, keine Verbindlichkeit aber Liebenswürdigkeit im Verkehr; aber ihr Wesen hat Grenzen, die es ihnen unmöglich machen, mit der lebendigen Welt sich in Beziehung und auseinanderzusetzen. Wodurch sie zu solchen Vergewaltigungen der Jugend gegenüber fähig wurden, ergibt sich aus der kulturhistorischen Betrachtung Lübecks in den letzten fünfzig Jahren des vergangenen Jahrhunderts. Bevor ich darauf näher eingehe, sollen die wichtigsten Namen und Ereignisse aus der Geschichte der Künste angemerkt werden.

Während einige Patrizierfamilien sich in verhältnismäßig kurzer Zeit von den Folgen der Fremdherrschaft erholt hatten, lag der Mittelstand schwer darnieder und fristete nur ein kümmerliches Dasein. Das Kunsthandwerk schlief ganz ein und die Bautätigkeit war sehr gering. Als man wieder anfing zu bauen, hatte man die Tradition verloren und geriet auf die schlimmsten Abwege. Die Malerei fristete sich nur im Verborgenen hin.

Die Geschichte der Lübecker Maler im 19. Jahrhundert ist noch nicht geschrieben. Die Porträtausstellung 1897 in der Katharinenkirche war leider so wenig wissenschaftlich angeordnet, daß sie keinen Überblick über die Entwicklung der Lübecker Maler bot, und in der Deutschen Jahrhundertausstellung im Jahre 1904 war Lübeck bedauerlicherweise nicht so vertreten, wie es hätte geschehen können, wenn ein Lübecker Patriot und ein Mann von künstlerischem Verständnis und umfassender kunstwissenschaftlicher Bildung an der Spitze der Lübecker Gemäldesammlung gestanden hätte.

Der bekannteste Lübecker Maler des 19. Jahrhunderts ist Friedrich Overbeck, der sich den schwärmerischen Nazarenern anschloß, die aus einem literarischen Empfindungskreise heraus eine neue Malerei begründen wollten und in der Nachahmung der Präraffaeliten ihre Selbständigkeit einbüßten. Das Beste aus seinem Lebenswerk sind seine empfindsamen Zeichnungen. Zwei Bilder von ihm besitzt die Marienkirche und sechs Bilder das Lübecker Museum. Während Overbecks Name lange Zeit hindurch sehr hoch gepriesen wurde, sind die kleineren Lübecker Maler, die sich nicht in ein künstliches und hohles Pathos hineinblähten, bedeutender, weil sie innerhalb der Grenzen ihrer Begabung das Bestmöglichste zu leisten suchten. Die Bilder dieser Maler des Bürgertums, Ludwig Wilhelm Förster, F. Suhrlandt, Asmus Johann Bothmann, Ludwig Heinrich Möller, August Godknecht, Diedrich Kindermann, sind sehr verstreut, und niemand hat sich ihrer in Lübeck anzunehmen gewagt, niemand hat ihre Bilder gesammelt, niemand ihre künstlerische Entwicklung erforscht. Über den Durchschnitt ragten zwei Künstler dieser Zeit hinaus: Carl Julius Milde (1803—1875) und Johann Wilhelm Cordes (1824—1869).

Milde hat sich als Porträtist und als Zeichner, auch als Maler bürgerlicher Innenräume, deren künstlerische Ausstattung seine kulturhistorische Bedeutung bestimmen, in der Kunstgeschichte einen Namen gemacht. Wandmalereien, die er für ein Lübecker Patrizierhaus schuf, befinden sich jetzt im Hamburger Museum für Kunst und Gewerbe. Theodor Hach schrieb 1905 über diese Schöpfungen Mildes in der Zeitschrift des Vereins von Kunstfreunden: „Carl Julius Milde, 1803 in Hamburg geboren, eng befreundet mit dem dort im Speckterschen Hause verkehrenden Künstlerkreise, war von längerem Aufenthalte in Italien, wo er im Interesse eifriger Studien bis nach Neapel und Pompeji seine Wanderung erstreckt hatte, 1832 in die Heimat zurückgekehrt;

er war es, der von den Architekten mit der Ausführung der Malereien im Nöltingschen Hause betraut wurde. Zierlich und leicht ziehen sich von der Brüstung bis zum Deckenfriese die die schlichten, großen Wandfelder einfassenden Streifen hinauf, deren aus ruhenden Tiergestalten entsprießendes zartes Geranke durch charaktervolle menschliche Gestalten, Tierfiguren und mannigfaltiges, anmutiges Beiwerk in ungemein leichter Bewegung unterbrochen und belebt wird. Bei allem Anklang an Vorbilder der antiken Kunst wie an die besten Leistungen der Renaissance, auch an die raffaelische Dekoration in den Loggien des Vatikans hat Milde dabei doch Selbständigkeit in Formgebung und Farbe nicht verloren, und von trefflicher Wirkung zu dem Ganzen eingestimmt sind auch die Landschaften oberhalb der Türen."

Johann Wilhelm Cordes, der als Maler noch bedeutender war als Milde, hat weder zu Lebzeiten in Lübeck einen Rückhalt gefunden, noch hat man versucht, nach seinem Tode Werke von ihm für das Lübecker Museum zu erwerben. Erst durch das Vermächtnis seines Bruders, des Hofrats Cordes in München, gelangte das Museum in den Besitz vieler Bilder, Studien und Handzeichnungen von Wilhelm Cordes. Er wurde am 16. März 1824 als Sohn des Großkaufmanns Cordes geboren, lernte zuerst in seines Vaters Hause als Kaufmann, wandte sich aber 1842 der Künstlerlaufbahn zu. Als 18jähriger Bursche trat er eine lange und für damalige Verhältnisse weite und beschwerliche Reise an, die ihn nach Dresden, Frankfurt, Göttingen und Paris führte. Bedeutsamen künstlerischen Gewinn scheint er von dieser Reise nicht davongetragen zu haben, denn er war einerseits wohl noch zu jung, anderseits zu schwerfällig, um die reichen und bunten Eindrücke schnell und leicht zu verarbeiten. Noch im selben Jahre ließ er sich in Düsseldorf nieder, wo er an der Akademie seinen ersten, grundlegenden Unterricht, wahrscheinlich unter Lessing, später unter Schirmer, erhielt.

Cordes war kein kühn in die Höhe strebendes, autokratisches Genie, das die Schranken seiner Zeit mit starker Hand durchbrach und den Menschen ein neues Land mit neuen Schönheiten wies. Es klang in ihm wohl der herbe Stolz und die gesunde Kraft seines Jahrhunderte alten Patriziergeschlechtes nach; aber das Blut floß ihm nicht mehr so frisch und mutig durch die Adern; es schien durch ein Irgendetwas verlangsamt und seine Kraft gedämpft. Gebrach es ihm an urwüchsiger Stärke, so war der Reichtum seines Gemütes wundersamer und kostbarer als der seiner Vorfahren. Es ist kein blinder Zufall, daß die Letzten alter Patriziergeschlechter oft Künstlernaturen sind. So ein Letzter seines Stammes war auch Wilhelm Cordes.

Die Kunst war für diesen Kaufmannssohn, in dem alte Lebensweisen und Traditionen nachklangen, ein neues Feld, das er sich erst zu eigen machen mußte. In seinen Studien aus den ersten Düsseldorfer Jahren finden wir daher das unsichere Hin- und Her-Pendeln eines Geistes, der sich selbst noch nicht recht gefunden hat, sein eigenes Wirkungsgebiet noch nicht kennt. Bald versucht er sich in dem großen Historienbild, bald tritt er in die Fußstapfen Moritz von Schwinds und zeichnet kleine Zwerge und Gnome. Aber das alles bleibt liegen, sobald er — ein paar Jahre später — in der Landschaftsmalerei das identische Gebiet findet, um sein künstlerisches Empfinden zum Ausdruck zu bringen. Aus den Jahren 1847—1849 stammt eine Reihe entzückender kleiner Ölstudien aus dem nordischen Flachland: weite Ausblicke über die Ebene; hie und da ein See, umrandet von Buschwerk; fern am Horizont ragen zuweilen die Türme seiner Vaterstadt gegen den Himmel. Eine minutiöse Sorgfalt in Komposition und Farbe ist diesen Arbeiten eigen; sie beweisen des Künstlers inniges Verhältnis zur Natur. In derselben Zeit malte Cordes einige überaus reizvolle Interieurs. Da ist eine Waschküche mit einer Holzmangel, wie man sie noch vor 20 Jahren in alten Häusern fand; ein kleiner Zimmerausschnitt im Biedermeierstil mit geblümten Vorhängen, in dem er mit einer schönen Freude an dem kleinsten Detail uns in realistischer Treue ausführlich den Zimmerschmuck jener Zeit erzählt.

Viele Freunde und einen großen und weitgezogenen Verkehr hat Cordes niemals gehabt, zumal er von Jahr zu Jahr zurückgezogener und abgeschlossener lebte; Hans Frederik Gude, das Haupt der norwegischen Kolonie, war ihm viele Jahre hindurch ein treuer und guter Freund. Persönliche Neigung bestimmte Cordes um das Jahr 1851 zu einer Nordlandreise, die ihn über ein Jahr von der Heimat fernhielt; es gefiel ihm dort oben so gut, daß er sich 1853—1854 zu einer zweiten Reise durch Norwegen aufmachte. Seine Skizzenmappen aus jenen Jahren enthalten viele hundert Motive der mannigfaltigsten Art: tief in das Land schneidende Fjorde, von schneebedeckten Bergen umgeben, Studien des buntfarbigen Gesteins, das sein geologisches Interesse erregte, Abhänge, über die ein Strom dahinbrauft, hohes, steil aufragendes Gebirge, das sein Haupt in dunstige Nebelschleier versteckt. Jedoch durch alles dieses vermochte er nichts wesentlich neues zu sagen. Aber noch mehr hatte er dort oben sehen gelernt. Wenn vom klaren Winterhimmel die Sonne auf die weißen Firnen leuchtete und blendende Freiluftsorgien entfaltete, so labte sich das Auge des Künstlers an dem hellen, weißen Licht, und es ging ihm der Sinn für die Herrlichkeit des Sonnenlichtes auf. Man glaubt zu empfinden, daß der ihm in Düsseldorf anerzogene, traditionelle Farbensinn ihn heimlich drückt und beengt. In einer endlosen Reihe von Wolkenstudien und Beleuchtungsmotiven sucht er die Wirkungen des Sonnenlichtes zu ergründen und den Brechungen des Lichtes nachzugehen und sie zu erforschen. Aus dieser Zeit stammen auch einige prächtige Porträtstudien von jungen, norwegischen Fischerknaben, teilweise in überraschender Pleinair-Beleuchtung und von scharfer, kraftvoller Charakteristik. Als Cordes wieder in seine Heimat zurückkehrte, wandte er sich nach einem einjährigen Aufenthalt in seiner Heimatstadt für zwei Jahre nach Düsseldorf. Im Jahre 1859 folgte er auf Wunsch des Großherzogs von Weimar seinem Freunde, dem Grafen Stanislaus von Kalckreuth, der zum Leiter der neubegründeten Kunstschule berufen war, nach Weimar, wo er bis zu seinem Tode blieb.

Was seine größeren Schöpfungen anbelangt, so sind auch sie nicht ohne Bedeutung, obwohl die stärkste Kraft dieses stillen und in sich gekehrten Künstlers unstreitig in den unmittelbaren Naturstudien lag. Ein seit dem Jahre 1854 von ihm selbst geführter Katalog seiner Bilder zählte bei seinem Tode gegen fünfzig Nummern auf, zum Teil größere Marinen und Landschaften, die bis auf wenige vornehmlich in deutschen, englischen und russischen Privatbesitz übergegangen sind. Für seine im Jahre 1861 in Petersburg angekauften „Schiffbrüchigen" wurde Cordes zum Ehrenmitglied der kaiserlichen Akademie ernannt, womit die Erhebung in den persönlichen Adelsstand verbunden war. Die letzte Ehre kaufte der König von Preußen, mehrere andere große Bilder der Großherzog von Oldenburg.

Cordes „Wilde Jagd" steht über dem stofflich verwandten Bilde Hennebergs „Die Jagd nach dem Glück", das derselben Zeit entstammt. Es ist ein Mondscheinbild, in malerischer Weise aufgefaßt: ein Kampf des bleichen, grünlich schimmernden Mondlichtes mit dem nächtlichen Nebeldunst der Luft. Nirgends etwas faßbar Irdisches, nur einige wunderlich emporzuckende, vertrocknete Zweige starren gespenstisch von unten herauf, ohne daß das Auge sie bis zum Stamm verfolgen kann; und dazwischen die rasende Jagd des wilden Jägers, der auf seinem Teufelsroß durch Nebeldampf und Mondesglanz durch die Nacht dahinstürmt, rings umschwirrt von allerlei tollem Gesindel, Hexenzeug, Eulengeflatter und belfernden Hunden. Die wilde Jagd ist eines der Hauptwerke von Cordes. Dieses Bild wie seine Studien nach Motiven der Heimat sind wert, nicht vergessen zu werden. Ein Künstler wie Wilhelm Cordes vermag uns eine der langweiligsten und trostlosesten Perioden der deutschen Kunstgeschichte mit seinem treuherzigen, schlichten und schwärmerischen Gesicht angenehm zu beleben. Am 16. August 1869 starb Wilhelm Cordes in Lübeck. Klanglos wurde er zu Grabe getragen.

Lübecker Vorstadtmotiv
Nach einem Gemälde von Maria Slavona

Ein Talent ähnlicher Art ist Karl Friedrich Sommer gewesen (1830—1867), den man am besten bei seinem Bruder, dem Landrichter Sommer in Lübeck kennen lernen kann. Vermutlich haben Cordes und Sommer freundschaftlich miteinander verkehrt. Sicher ist, daß Sommer ebenfalls in Düsseldorf, und zwar unter Weber studierte und daß er einmal ein Bild von Cordes kopiert hat. Sommers Talent war enger und, wie mir scheint, auch härter. Seine Zeichnungen sind allerdings von einer flaumigen und duftigen Weichheit; aber viele seiner Gemälde sind hart und trocken. In einigen Landschaften mit Staffagefiguren erscheint er dann wieder freier und unschematischer; sie sind weich und locker gemalt, und das Leben und Weben der Natur spiegelt sich in ihnen reich und anmutig wider. Jedenfalls spricht aus seinen Bildern ein ernstes und ehrliches Streben, gesunde Empfindung für Farbenwerte und Natursinn; in glücklichen Momenten hat er mit diesen Gaben wertvolle Kunst geschaffen.

Unter den Dichtern und Schriftstellern jener Zeit steht Emanuel Geibel an erster Stelle, dem die Lübecker schon zu Lebzeiten eine laute Verehrung entgegenbrachten. Ja, dieser Prophet wurde sogar in seinem eigenen Vaterlande jahrzehntelang noch höher geschätzt als im deutschen Vaterlande. Wenn der Lokalpatriotismus einer Stadt sich in so liebenswürdiger Form äußert, sieht man ihn gerne; allerdings darf die Tatsache nicht verschwiegen werden, daß die Lübecker, die schon damals nur allgemein anerkannte Autoritäten verehrten, Geibel erst hell und laut bejubelten, nachdem er durch den König von Bayern mit hohen Ehren ausgezeichnet worden war. Aber Geibel hat sich nicht nur dadurch die Verehrung seiner Mitbürger erworben. Eine so liebenswürdige und gütereiche Begabung wie Emanuel Geibel, der die Welt in so rosigen Farben sah, dessen Herz sich an den deutschen Einigungsbestrebungen entflammte und dessen Gesänge die deutschen Bürgertugenden umkränzte, mußte sich bald in den breitesten Schichten der Bevölkerung Lübecks ein zahlreiches Publikum gewinnen. Heute, wo auch Geibel schon eine historische Persönlichkeit geworden ist, wissen wir, daß er ein schwacher Dramatiker, ein unbedeutender Lustspieldichter, daß er als Balladendichter nur Epigone war, aber auch, daß er unter den Lyrikern nach Goethe in der deutschen Literaturgeschichte einen ersten Platz einnimmt. Seine Lieder haben das deutsche Volk erobert und leben wie Volksweisen fort im Volk; ich erinnere nur an: „Und dräut der Winter noch so sehr", „Nun laßt die Glocken von Turm zu Turm durchs Land frohlocken . . .", „Nun wirf hinweg den Wittwenschleier", „Durch Erd' und Himmel leise", „Die Nacht ist lau, die Schwäne kreisen", „Wachet auf, ruft uns die Stimme", „Heil euch im Siegerkranz," „Der Mai ist gekommen". Die schlichte Einfachheit der Sprache, das fliegende und schwunghafte, rhythmische Gefühl, das diese Verse aneinanderreihte, hat diese Gedichte so populär gemacht. Geibel aber ist nicht nur ein großer Lyriker, er ist auch eine große und herrliche Künstlernatur gewesen, wie sie bis dahin aus Lübeck noch nicht hervorgegangen war. Er steht mit den großen Erscheinungen der fünfziger und sechziger Jahre in einer Linie und ist als Natur und Persönlichkeit mit Friedrich Bodenstedt, Moritz Carrière, Felix Dahn, Paul Heyse und Hermann Lingg in einem Atem zu nennen. Als ein ganz reiner Lübecker darf Geibel allerdings nicht gelten. Sein Vater stammte aus der Maingegend und wurde 1797 als Prediger der reformierten Gemeinde nach Lübeck berufen, wo er sich mit einer einheimischen Kaufmannstocher verheiratete. Der Dichter Emanuel Geibel wurde hier am 17. Oktober 1815 geboren. Wenn er sich auch sein Leben lang mit freudiger Begeisterung als Lübecker fühlte, so ist doch in seinen Dichtungen sowohl wie in seinem ganzen Temperament seine südlichere, rheinische Herkunft unverkennbar. Lübeck ist ihm zu großem Danke verpflichtet nicht nur für seine treue Anhänglichkeit an die Vaterstadt, sondern auch weil er auf der Höhe seines Lebens nach Abschluß einer ruhmreichen Laufbahn in München die Vaterstadt zu seinem Wohnsitz wählte und dadurch das geistige Leben Lübecks eine Zeitlang hob und befruchtete. Geibel studierte in Bonn, hatte wie so viele junge Künstler in seinen Jünglingsjahren harte und schwere Kämpfe zu bestehen und trat schon auf seinen jugendlichen Reisen und Wanderungen mit den führenden Männern im geistigen Leben Deutschlands in Verbindung. 1838—1840 bereiste er zusammen mit Ernst Curtius Griechenland und kehrte nach diesen Reisen nach Lübeck zurück. Im Jahre 1852 übertrug ihm König Maximilian von Bayern eine Ehrenprofessur an der Universität München; er sollte über deutsche Literatur und Ästhetik lesen, den Winter über in München sein und im Sommer nach seinem Gefallen leben. Im Jahre 1868 nahm Geibel dauernd seinen Wohnsitz in Lübeck, lebte dort noch ein Jahrzehnt, bis er zu kränkeln anfing und im Jahre 1884, neunundsechzigjährig, starb. Geibel bildete in Lübeck den Mittelpunkt eines Kreises, in dem vielseitige literarische und historische Studien gepflegt wurden.

Aber es bildete sich mehr und mehr in Lübeck eine Verstandeskultur aus, die nur wenigen Gelehrten zugute kam und eine Kluft zwischen diesen wenigen Gebildeten und der breiten Masse aufriß, für deren Bildung und Erziehung immer weniger geschah. So entfremdete sich das Volk mehr und mehr der Kunst und Literatur, wurde stumpfer und verlor nach und nach auch das Interesse am Theater, das im Laufe der Jahre die Bedeutung einer Bildungs- und Erziehungsstätte des Volkes verlor; und unter dieser Teilnahmlosigkeit des Volkes, die allerdings auch in der Verarmung der Bevölkerung einen Grund hatte, hatte das Lübecker Stadttheater im 19. Jahrhundert wechselvolle Kämpfe zu bestehen.

Die ersten Jahre nach der Franzosenherrschaft waren für das Lübecker Theaterleben sehr unglücklich. Einen vorübergehenden Aufschwung nahm die Schaubühne in den Jahren 1821—1824, als der begeisterte Theatermäcen Graf Carl Friedrich von Hahn-Neuhaus die Leitung des Stadttheaters übernahm. Unter seiner Direktion fand im Jahre 1822 die erste Aufführung des Freischütz statt, deren künstlerische Vollendung von Zeitgenossen sehr gerühmt wird. Manche tüchtige Direktoren, Regisseure, Kapellmeister und Schauspieler haben in den folgenden Jahren ihre besten Kräfte eingesetzt, um das Lübecker Stadttheater auf einer ansehnlichen Höhe zu erhalten; aber doch haben die meisten unter ihnen an den finanziellen Kalamitäten und an der Teilnahmlosigkeit der Bevölkerung Schiffbruch gelitten. Es muß aber immerhin anerkannt werden, daß

Lübecker Kultur und Kunst im 19. Jahrhundert

die Mehrzahl der Leiter der Lübecker Schaubühne trotz der schlechten Verhältnisse und trotzdem Lübeck keine Theaterstadt war, immer bestrebt waren, das Lübecker Stadttheater über das Niveau einer Provinzbühne emporzuheben. Es gelang ihnen mit wechselndem Erfolge, um so besser, je mehr sie das gesunde Prinzip befolgten, das sich im Laufe der folgenden Jahrzehnte ausbildete, das Künstlerensemble aus alten, routinierten Kräften, deren höchste Glanzzeit vorüber war, und jungen, aufstrebenden Talenten zusammenzustellen; ferner so schnell wie möglich den Lübeckern bedeutende Novitäten vorzuführen. Man mühte sich in den vierziger und fünfziger Jahren, die Klassiker in möglichst guten Aufführungen herauszubringen und führte nebenher die Neuheiten von Laube, Benedix, Gutzkow und anderen auf. Seit dem Jahre 1833 machte sich um die Hebung der Oper Kapellmeister Hermann sehr verdient, dessen Name hauptsächlich mit der ersten Lübecker Tannhäuser-Aufführung in der Spielzeit 1854/55 verknüpft ist. Sein Name leuchtet aus der Lübecker Musikgeschichte besonders hell hervor. Unter seiner Leitung hörten die Lübecker zum ersten Male Zar und Zimmermann, die Hugenotten, den Wildschütz und die lustigen Weiber von Windsor. Nach dem Neubau des Lübecker Stadttheaters im Jahre 1857 nahm das Theaterleben einen erfreulichen Aufschwung. Im Jahre 1858 wurde das neue Gebäude durch ein Gastspiel der Großherzoglich Mecklenburgisch-Schwerinschen Hofoper eröffnet, und aus den folgenden Jahren sind Aufführungen von Gounods Faust, der Dramen von Goethe, Schiller, Kleist und Geibel bemerkenswert. Die erste Aufführung des Lohengrin in Lübeck fand am 15. März

1873 statt, die erste Aufführung des Fliegenden Holländer am 18. Dezember 1875, eine einmalige Aufführung von Rienzi am 13. Februar 1883.

Das übrige Musikleben der Stadt litt wie das Theaterleben lange Zeit unter den Nachwehen der Fremdherrschaft. Erst in der zweiten Hälfte der dreißiger Jahre hob sich unter Gottfried Herrmanns energischer Leitung das städtische Musikleben wieder auf eine achtungswerte Höhe; neben ihm war Johann Hermann Thomas Zimmerthal tätig, der 1835 in Lübeck einen Gesangverein gründete. Durch den gesunden Wettkampf, der sich zwischen Herrmann und Zimmerthal entwickelte, hob sich das Musikleben der Stadt auf eine bedeutende Höhe.

Auch im letzten Viertel des 19. Jahrhunderts waren Theater und Musik die einzigen Kunstgebiete, die gepflegt wurden; die Anteilnahme aber selbst dieser Kunstpflege beschränkte sich nur auf die oberen Hundert und ein weiteres Hundert, das die Jugend der Stadt stellte. Das Theater wurde schlecht besucht; auch der Besuch der Konzerte ließ immer zu wünschen übrig. Gottfried Herrmanns Nichte, Clara Herrmann, hatte schwere Kämpfe zu bestehen, um ihre Kammermusikabende in Lübeck durchzuführen und aufrecht zu erhalten. Dieser verdienstvollen Klaviervirtuosin, die alljährlich bedeutende Musiker nach Lübeck zu ziehen verstand, hat Lübeck viel zu danken. Es ist anerkennenswert, daß sie trotz der schwierigen Verhältnisse ihre Vaterstadt nicht verließ und, ohne zu ermüden, in drei Jahrzehnten unvergeßliche Anstrengungen machte, um das Lübecker Musikleben zu heben und zu entwickeln.

Aber nicht nur diese Künstlerin hatte in der da-

Lübecker Kultur und Kunst im 19. Jahrhundert

maligen Zeit mit der Ungunst der Verhältnisse zu kämpfen; alle Künstler, die während dieser 25 Jahre dauernd oder vorübergehend in Lübeck lebten, hatten unter der gleichen Mißachtung der Bevölkerung gegen alles Künstlertum zu leiden. In dieser Epoche hat Lübeck außer Clara Herrmann nur eine Künstlernatur von überragender Bedeutung hervorgebracht, die den Mut hatte, in der Stadt auszuhalten und in ihrer Liebe zu der Heimatstadt nicht ermüdete, trotzdem sie jahrelang aus allen Gassen mit trüben Verunglimpfungen bespült wurde. Und diese ganze und volle Künstlernatur war obendrein noch eine Frau, die Lübecker Dichterin Ida Boy-Ed, die durch ihr reich und künstlerisch aufgebautes Leben den Lübeckern bewiesen hat, was es heißt, als Persönlichkeit durchs Leben zu gehen und in einem persönlichen Lebenswandel Charakter zu beweisen. Aber es ist durchaus verständlich, daß die Lübecker diese prachtvolle und große Frauennatur, die in ihrer Mitte lebte und wirkte, in jener Epoche, von der ich hier spreche, nicht verstanden; denn das letzte Viertel das 19. Jahrhunders ist die Zeit des tiefsten kulturellen Verfalls von Lübeck, der die Einwohnerzahl der Stadt während einiger Jahre verminderte.

Schon in den sechziger Jahren fanden reisende Deutsche, daß die Entwicklung Lübecks im Vergleich zu den meisten anderen deutschen Städten stille stand. „Woran denkt man, wenn man Lübeck nennen hört?", fragte Graf Baudissin 1865 in seinen Städte- und Länderbeschreibungen Schleswig-Holsteins. „Als Heinrich Heine sein Seegespenst schrieb und bedächtige Männer, schwarz bemäntelt, mit weißen Halskrausen und Ehrenketten und langen Degen und langen Gesichtern über den wimmelnden Marktplatz nach dem treppenhohen Rathause vor seiner Seele vorüberschreiten sah, da war er noch nicht in Lübeck gewesen; denn es schreiten keine Ratsherren, es wandeln keine seidenrauschenden Jungfrauen mit gülden Band um den schlanken Leib; es stolzieren keine bunte Gesellen in spanischer Tracht, und es trippeln keine bejahrte Frauen in braunen, verschollenen Gewändern mit Gesangbuch und Rosenkranz nach dem großen Dome, mit einem Worte, — ich bin drei Tage in Lübeck gewesen und habe in der ‚altertümlich niederländischen Stadt' — mehr Pudel gefunden als an irgend einem andern Orte, und entsinne mich nicht, eine menschliche Seele auf der Straße angetroffen zu haben. Nur einmal begegnete ich einem Soldaten. Der Soldat erschrak, als er meiner ansichtig wurde; denn da es morgens 9 Uhr war und um diese Stunde Massenversammlungen selten oder nie vorkommen, so war es begreiflich, daß er mich für ein lebendig gewordenes Steinbild hielt, das, der Langeweile satt und überdrüssig, einen Spaziergang unternommen habe."

Die Großkaufleute waren in ihren Geschäften zu sehr überlastet, sie waren durch die staatlichen und städtischen Verwaltungsarbeiten, die sie in ihren Freistunden als Ehrenämter erledigen mußten, allzusehr in Anspruch genommen, um sich noch der kulturellen Fortentwicklung der Stadt annehmen zu können. Es ist daher begreiflich und verständlich, daß viele von ihnen frühe ermüdeten und trocken wurden, denn ihnen mangelte die Zeit, ihren Geist durch künstlerische Pflege elastisch zu erhalten. Nur leichten Unterhaltungen konnten sie sich nach des Tages hartem Frohndienst widmen; da-

Marlesgrube
Nach einem Gemälde von H. E. Linde-Walther

durch verloren sie aber den Zusammenhang mit dem geistigen Leben der Nation. Georg Ebers, Natalie von Eschstruth, Wilhelmine Heimburg, Karl May und der ganze Kreis der deutschen Unterhaltungsfabrikanten fanden in Lübeck ein großes und dankbares Publikum, das in der Kunstaufnahme die denkbar geringsten Ansprüche stellte — es wollte sich nur ein wenig „vorklönen" lassen — in der Kunstbeurteilung dagegen unduldsame und hochmütige Anmaßung hervorkehrte. Zu dieser Anmaßung in der Kunstbeurteilung wurden die Lübecker durch die protestantische Geistlichkeit und das Lehrertum verführt, die das geistige Leben der Stadt führten und beherrschten; in beiden Berufsklassen herrschte damals jene Anmaßung, die engherziger Dogmatismus und unreife Halbbildung im Gefolge haben.

Christus war der erste und größte Protestant und Luther war sein größter und würdigster Nachfolger; aber die protestantische Geistlichkeit Lübecks im letzten Viertel des 19. Jahrhunderts hatte mit diesen beiden großen Charakteren der Menschheitsgeschichte jeden Zusammenhang verloren. Verbindet auch die katholische Kirche der Gegenwart nur noch dünne Fäden mit dem wahren Geist des ersten Christentums, sind auch die Vertreter dieses Dogmas besonders in Deutschland unduldsam geworden, so hat die katholische Kirche doch niemals die Unduldsamkeit so weit getrieben und zu einer solchen Grausamkeit gesteigert wie diejenigen Fanatiker, die das protestantische Kirchendogma wie eine Zwangsjacke handhabten, in die sie die Menschen hineinzwangen, um alle geistigen und künstlerischen Bestrebungen der Menschheit durch diese Methode zu unterbinden. Sie verbanden sich mit dem Polizeigeist der Zeit und verboten und verdammten, statt zu helfen und zu vermitteln, statt als wahre Seelenhirten zwischen den warmblütigen Menschen und dem Gewissen der Menschen eine Vermittlung zu schaffen. Es wurden Bet- und Bibel- und Missionsvereine gegründet, in denen die Bürger sich zum Beten vereinigten; und wer nicht mittat, wurde in die Acht erklärt. Man lehrte die Menschen beten und abermals beten und wie Hans Guck-in-die-Luft durch das Leben marschieren; obwohl keiner dieser reaktionären Moralisten das warme Blut der Menschen in kaltes verwandeln konnte, lehrte doch niemand von ihnen die Menschen, wie sie sich mit ihren Temperamenten auseinandersetzen sollten. Die Temperamente der Menschen wurden einfach verleugnet; sie paßten nicht in die Paragraphen des Dogmas und wurden verboten. Der bedeutendste Lübecker Theologe dieser Jahre, Pastor Marth, ein Mann von tiefer Geistesbildung und vornehmer Gesinnung, der als das Vorbild eines lutherischen Geistlichen hätte wirken sollen, fand damals nur unter den oberen Hundert einen Anhang. Die anderen zeigten kein Verständnis für das Leben und die Konflikte der Menschen. Ich weiß nicht, ob es wissenschaftlich erwiesen ist, daß allen denjenigen, die nicht in Kattununterröcken und Flanellhemden ihre Pilgerfahrt durch dieses Jammertal der Tränen vollendet haben, am Tage des Gerichts der Eintritt in den Himmel verweigert wird, und daß allen, die im Leben Spitzenunterröcke und Pariser Hüte getragen haben, die Hölle gewiß ist — sicher aber ist, daß die Lübecker Frauenwelt, abgesehen von dem kleinen Kreis der Patrizier, in den achtziger und neunziger Jahren die Entsagung von der schmückenden Schönheit dieser

Welt bis zur denkbar möglichsten Grenze entwickelten. Jede Anmut wurde vermieden, alle Lieblichkeit abgestreift; Körper- und Hautpflege wurden vernachlässigt, denn der Körper sei nur eine peinliche Hülle, sagten die Moralisten. In keiner Stadt sah man so schlecht gepflegte Mädchen, so schlecht sitzende Kleider und so häßliche und traurige Farben in der Frauenkleidung. Aber auch die Männerwelt übte sich in Enthaltsamkeit und die Oberlehrer legten als Abzeichen ihrer Entsagung von jeglichem Geschmack Jägerhemden, Gummi-Klappkragen und Gummiröllchen an. Einer der Senatoren, der Zeit seines Lebens eine ganz besondere Pflege auf sein Äußeres verwandte, wurde mit Abscheu betrachtet, als eitel stadtverschrien, und seine Frau, die in ihrem Hause gute Musik pflegte und ihre südländische Schönheit mit hübschen Toiletten schmückte, wurde vom Chef der Pharisäer als verrottet bezeichnet. Man kann diese betrübende Entfremdung von jedem Schönheitssinn nicht allein der Armut des Mittelstandes zuschreiben, denn das italienische, französische und englische Volk beweisen, daß man auch ohne große Geldmittel sich in erfreulichen Farben und in hübschen Kleidern bewegen und ohne allzu große Kosten seine Haut sauber erhalten kann. Nein, es waren lebensfeindliche Moralisten, die mit engen Verstandesbegriffen das protestantische Glaubensdogma in einen kulturfeindlichen Schematismus preßten, durch den sie die Temperamente der Menschen, ja das Leben selbst ersticken zu können glaubten.

Dieser Moralistengruppe ist es tatsächlich eine Zeitlang gelungen, in Lübeck das Leben und die Instinkte der Menschen niederzudrücken, um rein äußerlich in der Stadt das Bild einer hochstehenden

Moralität zu erreichen. Aber diese ungesunde und krampfhafte Moralität hat den Charakter vieler Menschen gebrochen und sie zu einer beklagenswerten Heuchelei verführt, in die sie der Zwiespalt zwischen dieser aufgezwungenen Scheinmoralität und ihren Naturtrieben hineinzwang. Die menschlichen Naturtriebe verlangen nun einmal noch etwas anderes als Beten. Da aber die reaktionären Moralisten die Liebe aus der bürgerlichen Gesellschaft hinausgewiesen und mit dem Makel der Sündhaftigkeit befleckt hatten, floh die Liebe in die dunklen Winkel der Heimlichkeit. Heimlichkeit aber entstellt die Liebe. Außerdem wurden dadurch in der Stadt ein pharisäischer Geist und der Klatsch großgezogen. Nach den Betstunden, in denen die Bürger sich voreinander ihrer Frömmigkeit versichert hatten, wurden Zusammenkünfte anderer Art getroffen, in denen man in das Extrem des Gegenteils fiel. Bürger aus allen Gesellschaftsschichten nahmen an den Zusammenkünften teil, in denen die überhitzte Sinnlichkeit der Bevölkerung sich in ungesunder Weise austobte. Die Chronik der Stadt weiß aus dieser Zeit nur allzu oft von Festlichkeiten sonderbarster Art zu berichten.

Daß in einem solchen Milieu, das sich zwischen Bigotterie und Ausschweifungen hin und her bewegte, eine gesunde Jugend nur unter harten Kämpfen aufwachsen konnte und den schwersten Konflikten ausgesetzt war, wird begreiflich erscheinen. Wie alles geistige Leben der Stadt, so sank auch das Gymnasium der Stadt auf ein tiefes Niveau herab. Das Katharineum, das am Anfang des Jahrhunderts eine der besten Schulen in Deutschland gewesen war, wurde in den achtziger und neunziger Jahren die schlechteste deutsche Schule, an der sich unter einer unfähigen Leitung die minderwertigsten Pädagogen zusammenfanden. Geistig strebsamen, jungen Leuten wurden nach keiner Richtung hin Wege und Ziele gewiesen; die wenigen besseren Elemente gewannen keinen Einfluß. Es wurde nur eingepaukt. Die Klassiker wurden den Knaben in einer beispiellosen Weise verekelt, die fremden Sprachen in kläglichster Weise mißhandelt und den Schülern, die vor der Launenhaftigkeit übelwollender Pädagogen zittern mußten, jede Freude am Unterricht mit rauhen Händen systematisch zertrümmert. Es bestand hier nicht wie auf anderen deutschen Gymnasien irgend ein menschliches Verhältnis zwischen Lehrern und Schülern; es herrschte ein Kasernenton.

Es ist also auch nicht das Verdienst dieser Schule, daß aus ihr einige Männer hervorgegangen sind, die heute im geistigen Leben Deutschlands eine Rolle spielen; sie sind trotz dieser schlechten Schulbildung etwas geworden. Als im Jahre 1901 der Leiter dieser Anstalt sogar ein paar junge Leute wegen eines Jugendstreiches gerichtlich belangen ließ und sie ins Gefängnis bringen wollte, da fühlten die Lübecker denn doch, der Übermut dieser jungen Leute war nur ein Zeichen des Aufruhrs gegen den Geist der Heuchelei und Grausamkeit, der die lebendige Jugend dieser Knaben zu erdrücken und zu vernichten drohte, und sie begannen die Schule gründlich zu reformieren. Einem neuen, frischen Direktor wurde die Leitung der Schule übertragen, und neue und frische Pädagogen wurden ihm zur Seite gestellt, Männer, die mit dem geistigen Leben der Nation in Verbindung waren und blieben und ihren Erzieherberuf ernster und freudiger auffaßten.

Die Mädchenschulen waren nicht besser; auch in ihnen regierten Heuchelei und Grausamkeit unter dem Deckmantel einer faden Scheinmoralität. Um die Töchter der Stadt vor Unmoral zu bewahren, wurde Schillers Kabale und Liebe in Kabale und Neigung verwandelt. Eichendorffs schönes Lied: „In einem kühlen Grunde" hieß in dieser Schule in der Fortsetzung: „Mein Onkel ist verschwunden". L'amour wurde mit Neigung übersetzt und so fort. Diese Erzieherinnen wußten nicht, was sie taten, begriffen nicht, daß sie durch diese Heuchelei gerade die Unmoralität großzogen. Statt von einer Betstunde in die andere zu eilen, hätten die Eltern und Pädagogen von damals sich lieber ein wenig mehr mit ihren Pflichten und Aufgaben, die sie auf dieser Erde zu lösen haben, beschäftigen, sich in die Natur der Jugend und die Entwicklung einer Kindesseele vertiefen sollen, um sich die innerliche Fühlung mit ihren Kindern zu bewahren. Es wäre wertvoller gewesen, die Lübecker Pädagogen und Moralisten hätten sich hin und wieder gegenseitig die Lebensgeschichte Ellen Olestjerne, der Lübecker Schriftstellerin Fanny Gräfin von Reventlow vorgelesen, um sich einmal darüber klar zu werden, was aus Kindern wird, denen man immer nur hart befiehlt, die man fortgesetzt grausam schilt, schimpft und schlägt. Ich sage nicht, daß das Buch der Gräfin Reventlow als Dichtung von überragender Bedeutung ist; aber als Dokument einer von Eltern und Erziehern gepeinigten und gehetzten Kindesseele hat es unzweifelhaft einen hohen sittlichen Wert; es ist ein flammender Protest gegen harte und verständnislose Erzieher, ein Kulturbild Lübecker Erziehungsmethoden. Die Wunden, die man heilen will, muß man aufdecken und bloß legen.

Deshalb ist dieses Buch geschrieben und deshalb verdient es gelesen zu werden. —

Die Eltern durchwühlen den Schreibtisch der Tochter, schimpfen und fluchen, weil sie ein paar weltschmerzliche Briefe und einen Band Gedichte der Tochter finden, ohne sich über die Folgen einer solchen Vergewaltigung klar zu werden. ... „Ellen", heißt es in dem Roman, „stand zuerst wie versteinert. Wie konnte Mama sich das herausnehmen, in ihren tiefsten, innersten Geheimnissen herumwühlen — ja, jetzt schämte sie sich allerdings — ihr war, als ob man ihr alle Hüllen von der Seele gerissen hätte, und dann kam eine sinnlose Wut über sie. — Sie schrie der Mutter alles ins Gesicht, was an Groll in ihr aufgespeichert war."

Und ein anderes Mal, als der Vater sie wieder zornig anfährt:

— „Ihr habt nichts getan, Ihr beiden (sagt der Vater), wie uns das Leben verbittert, seit Jahren. — Sie zitterte innerlich vor seinem Zorn und wollte nichts sagen, aber plötzlich fuhr es aus ihr heraus: Ja, weil ihr uns unsere Jugend nehmen wollt. —"

Solche Worte sind erlebt und erlitten. Eltern und Erzieher haben ihren Kindern diese Leiden bereitet, haben ihnen immer nur Verbote erteilt, ohne ihnen dafür etwas anderes zu geben, so daß sie nirgends einen inneren Halt fanden. Alle diese Dinge beweisen, daß das protestantische Muckertum ebenso schädlich ist wie das katholische.

Und wie diese Menschen zu einer natürlichen und gesunden Sinnlichkeit, zum Leben selbst kein lebendiges Verhältnis unterhielten, so standen sie auch der Kunst fremd und feindlich gegenüber. Jeder, der aus dem Schema der Lübeck'schen Konventionen herauswuchs, wurde mit feindlichen Blicken betrachtet, einer krankhaften Gehirnbildung verdächtigt; ja, man ging sogar noch weiter und umspülte sein Privatleben mit trüben Verdächtigungen. Man ließ kein Mittel unversucht, um den Künstlern Angst einzujagen, ihnen jeden Boden zu entziehen, und trieb sie dadurch, daß sie in ihren Heimatkreisen keinen Widerhall fanden, zu allen möglichen Extravaganzen. Nicht den geringsten Rückhalt fanden Lübecker Künstler in ihrer Heimat; weil in Lübeck die Kunst wie ein Verbrechen aufgefaßt wurde.

Noch vor ungefähr zehn Jahren, als Thomas Mann seine Buddenbrooks veröffentlichte, hatten die Lübecker ein ziemlich fremdes und sonderbares Verhältnis zur Kunst. Damals begriffen sie noch nicht, daß es sich in der Kunst nicht um lebende Modelle handelt, sondern um das Kunstwerk, und daß die Gedankenassoziation, die das Kunstwerk mit der Wirklichkeit verbindet und durch die Wirklichkeit widerlegen will, der Trugschluß eines logischen Schemas ist. In der Wirklichkeit unterscheiden wir schöne und häßliche Menschen; in der Kunst nur gute und schlechte Werke. Die Buddenbrooks aber wurden in Lübeck mit einem Schlüssel von Haus zu Haus gereicht, und jeder Leser fügte auf diesem Schlüssel hämische Bemerkungen hinzu; schließlich kam man darin überein, daß Thomas Mann angesehene Lübecker Bürger in unanständiger Weise verzerrt und karrikiert hätte. Man sah nicht das Kunstwerk und begriff nicht, daß Thomas Mann ein Dichter ist, sondern sagte: „Wie kann ‚dieser Junge' sich erlauben, unser Lübecker Familienleben vor aller Welt in häßlichen Verzerrungen bloßzustellen." Die Welt aber, die dem Dichter zujubelte,

Lübeck von Norden
Nach einem Ölgemälde von Ida Goertz

hatte natürlich nicht das geringste Interesse an Lübecker Familienbeziehungen, sondern sah nur das Kunstwerk und freute sich daran.

Das gleiche unglückliche Verhältnis, das die Lübecker zur Literatur hatten, unterhielten sie auch zu den bildenden Künsten. Auch hier sahen sie nur den Stoff, das Motiv, den Vorwurf und begriffen nicht, daß Kunst und Natur zwei ganz verschiedene, ja oft zwei entgegengesetzte Dinge sind. Darum wird es begreiflich, daß die Pflege der bildenden Künste im letzten Viertel des 19. Jahrhunderts hier vollständig aufhörte; denn wo die bildenden Künste mit literarischen Augen, und sogar mit verbildeten literarischen Augen betrachtet werden, verdorren sie gänzlich. Die erste Vorbedingung für das Gedeihen der bildenden Künste ist das Begreifen, daß sie mit den Augen, mit den Sinnen und nicht mit dem Verstande genossen werden. In keinem Lande wird mehr über Kunst philosophiert und theorisiert als in Deutschland; in keinem Lande ist die Kunstrethorik verbreiteter, und nur in Deutschland glaubt jeder das Recht zu haben, über Kunst sprechen zu dürfen. Aber das Kunstempfinden, das in Deutschland so oft mit Religion, Patriotismus und anderen Dingen vermengt wird, ist in keinem Lande geringer. Die Deutschen verwechseln zu häufig Gemüt und Sentimentalität und glauben daher, daß nur in der stofflichen Erfindung und Ausgestaltung seelische Werte, Gemüt und Phantasie zu finden sind, daß aber der Aufbau und die Behandlung der Form nur Technik sind. Ebenso wie diese Grundprinzipien des Kunstempfindens und der Kunstanschauung in Lübeck völlig unbekannt waren und blieben, hat nicht eine der zeitgenössischen Kunstbewegungen das in sich versunkene und abgeschlossene Lübeck auch nur leise berührt. Lübeck beharrte unwandelbar den bildenden Künsten gegenüber auf dem Standpunkt, den die Leser der Gartenlaube der Malerei und Plastik gegenüber einnahmen. Die Stadt berief einen Münchener Maler dritten Ranges zum Konservator seiner Gemäldesammlung, dessen spärliches Talent in Lübeck noch niemanden zum Widerspruch gereizt hat. Nach dem Voraufgegangenen mag es noch begreiflich erscheinen, daß Lübeck mit einem der bescheidensten deutschen Malertalente, das sonst nirgendswo mit dem Professortitel geziert worden wäre, sich zufrieden gab; unbegreiflich aber ist es, daß eine Stadt von der künstlerischen Vergangenheit Lübecks einem solchen Manne die Verwaltung seiner Kunstschätze überließ, die eine liebevollere und verständigere Pflege verdienten. Hätte die Verwaltung der Lübecker Gemäldesammlung in den Händen einer künstlerisch empfindenden und historisch gebildeten Autorität gelegen, so hätte ein solcher Mann Lübeck vor manchen unkünstlerischen Mißgriffen bewahren können; er hätte die Lübecker in den öffentlichen Kunstfragen beraten können, hätte rechtzeitig verhindern können, daß viele wertvolle, alte Kunstschätze, die sich in Lübecker Privatbesitz befanden, aus Lübeck fortgeführt wurden und in den Museen von Berlin, Hamburg und Kiel eine Stätte der Würdigung fanden. Wenn in Lübeck ein öffentliches Denkmal errichtet werden sollte, so wandte die Stadt sich weder an einen Lübecker Bildhauer, noch suchten sie sich unter den begabtesten und bekanntesten deutschen Bildhauern den besten aus; sondern der republikanische Freistaat wählte sich unter den Berliner

Künstlern denjenigen aus, der am kaiserlichen Hofe in Berlin die demütigsten Bücklinge zu machen verstand. Durch diese pfiffige Lübecker Kunstpolitik wurden dann plötzlich Namen ans Licht gezogen, die bisher in der gesamten deutschen Kunstwelt unbekannt geblieben waren, und Lübecker Oberlehrer hielten in dem Lübecker Parlament über diese unbekannten Größen öffentliche Reden, die ohne jede Kürzung im Kladderadatsch hätten Aufnahme finden können.

In den gleichen Bahnen bewegten sich die wenigen Gemäldeankäufe; über Oswald Achenbach und Hans Bohrdt reichte der Geschmack nicht hinaus. Ein Mann wie Doktor Max Linde, dessen Gemälde- und Skulpturensammlung europäischen Ruf besitzt, fand nicht die geringste Achtung in der Stadt, obwohl dieser Mäcen allein dadurch, daß er in seiner Vaterstadt eine so bedeutende Privatsammlung anlegte, sich um Lübeck hohe Verdienste erworben hat. Aber man mißachtete nicht nur seine Sammlung, sondern verdächtigte diesen Mäcen wegen seiner Kunstliebhabereien als geistig unzurechnungsfähig.

Als ein anderer Kunstfreund einmal den Vorschlag machte, in Lübeck eine Künstlerkolonie zu gründen, wurde diese Idee wie ein törichter Witz belacht. Allerdings, wenn Lübeck Künstler bei sich aufnehmen will, müßte es sie auch freundlich empfangen. Aber wenn sich Künstler in Lübeck niederlassen würden, würden vermutlich die Betvereine sie so rasch wie möglich wieder aus der Stadt hinauszubeten versuchen, und der Papst von Lübeck würde dem Ottergezücht von Mädchen die Hölle verheißen, das sich als Aktmodell vor Malern entblößen würde.

Lübecker Kultur und Kunst im 19. Jahrhundert

Sonst allerdings wäre gerade Lübeck wie kaum eine zweite deutsche Stadt für eine Künstlerkolonie geeignet; denn die Stadt ist, trotzdem im letzten Viertel des 19. Jahrhunderts vieles in ihr zerstört wurde, immer noch von einer wundervollen Schönheit. Noch immer sind viele alte Ziegeldächer erhalten, deren leuchtendes Rot sich mit dem reichen Grün der Gärten zu einem farbenfreudigen Bilde verbindet. Der Wasserreichtum der Stadt, der stolze Hafen und die altmodische Wakenitz, der hübsche Kanal und die reiche, üppige und wohlgepflegte Umgegend geben Motive für ein ganzes Künstlergeschlecht. Es ist wirklich sehr seltsam — fast will es unbegreiflich erscheinen — daß eine Stadt von so köstlicher Schönheit von so kunstfremden Bürgern bewohnt wird. Hatten nicht noch die Vorfahren dieses Lübecker Bürgergeschlechts im Häuserbau und im Ausbau der Häuser einen weitgespannten und großen Sinn bewiesen? Zeugen die prachtvollen Dielen, die riesenhaften Zimmer und die breiten und behaglichen Möbel nicht von feinem Kunstempfinden und von einem starken Sinn für monumentale Größe? Aber alles das ging im letzten Viertel des 19. Jahrhunderts verloren, weil Lübeck sich trotzig von dem übrigen deutschen Geistesleben abschloß und die Bürger sich in übertriebenem Familienstolz untereinander heirateten und verschwägerten. Das Judentum, das während dieser Epoche das geistige Leben Deutschlands reich befruchtete, hat in Lübeck kaum Eingang gefunden; eigentlich hat sich nur eine Familie durch jüdisches Blut aufgefrischt.

Eine andere Rassenmischung hat sich dagegen häufiger ereignet und in den Patrizierkreisen der alten Hansastadt die schönsten Blüten getrieben. Einige Lübecker

Lübecker Kultur und Kunst im 19. Jahrhundert

Kaufleute kamen in ihren Wanderjahren nach Belgien, Frankreich, Spanien, Italien und Südamerika; und mancher blonde Lübecker verliebte sich dort in der Fremde in eine schwarzäugige Tochter Südlands und brachte sie mit in die Heimat. Thomas Mann hat in den Buddenbrooks die Geschichte einer solchen Liebe geschrieben, und noch heute findet man in den Kreisen dieser Rassenmischung das lebendigste Kunstinteresse, die ungebrochenste Heiterkeit und die am weitesten gespannte Kulturpflege. Aber gerade in den letzten 25 Jahren des 19. Jahrhunderts waren diese Mischehen doch nur vereinzelte Erscheinungen, so daß sie das ganze Kulturleben der Stadt, das darniederlag, nicht zu befruchten vermochten. Die Lübecker selbst waren der Kunst zu fremd geworden; sie verloren auch das Verständnis für die Architektur ihrer Stadt und vernachlässigten ihre Pflege. Alte Lübecker Bauten fielen nicht allzu dringlichen Straßenverbreiterungen rücksichtslos zum Opfer, worunter einzelne Straßen sowohl wie das Gesamtstadtbild mannigfaltig zu leiden hatten. Die Neubauten aber, die die alten Häuser ersetzten, waren in ihrem Durcheinander der verschiedensten Stilornamente von unerlaubter Geschmacklosigkeit, die dem geringsten Stilempfinden hätte schmerzhaft erscheinen müssen. Das Postgebäude am Markt, das Katharineum, der Spar- und Vorschußverein, das Gerichtsgebäude, die städtische Turnhalle, das Gebäude der Alters- und Invalidenversorgung sowie die meisten Häuser der Breite und Königsstraße stammen aus dieser traurigen Epoche. Die Lübecker Presse, deren Pflicht es gewesen wäre, gegen diese Barbarei in der Architektur aufzutreten, war zu kleinstädtisch und zu sehr von ihren einheimischen Abonnenten abhängig, so daß sie es als ihre erste Pflicht betrachten mußte, engherzigste Kirchturmspolitik zu treiben und jedem ernsthaften Kritiker das Wort verbot oder ihn durch Lübecker, die alles rosenrot sahen, weil sie außerhalb Lübecks nichts kannten, widerlegen ließ.

Einzig und allein das Musik- und Theaterleben entwickelte sich auch in diesem Vierteljahrhundert dank einiger kunstbegeisterter Förderer immer weiter. Clara Herrmanns Bedeutung für das Lübecker Musikleben wurde schon hervorgehoben ihre verdienstreiche Wirksamkeit erstreckt sich auch über diese Jahre. Neben dieser Dame erwarb sich Musikdirektor Carl Stiehl noch besondere Verdienste. Es wurden Konzertvereine gegründet und manche bedeutende Künstler des In- und Auslandes berührten auf ihren Tourneen auch Lübeck. Der Aufschwung des Lübecker Musik- und Theaterlebens kann naturgemäß hier nicht in seinen einzelnen Phasen verfolgt werden; aus dem Theaterleben Lübecks muß aber einer Epoche des Glanzes des Lübecker Stadttheaters besonders gedacht werden. Es sind die Jahre 1886—1898, in denen der geniale Theaterdirektor Friedrich Erdmann-Jeßnitzer die Lübecker Schaubühne auf das bedeutende Niveau einer der kleineren deutschen Hofbühnen hob und dadurch dem Lübecker Stadttheater einen durch ganz Deutschland klingenden Ruf zu verschaffen wußte. „War das Publikum", schreibt Carl Stiehl in seiner Lübecker Theatergeschichte, „auch nicht immer dankbar genug für das Gebotene, so brach doch beim Scheiden dieses Direktors von der Stätte seiner langjährigen Wirksamkeit die allgemeinste Anerkennung sich Bahn." Unter der Leitung dieses

Direktors wurden in Lübeck die Meistersinger von Nürnberg, Tristan und Isolde und der Ring des Nibelungen zum ersten Male aufgeführt. Frau Gmür-Harloff, Frau Fluth, Fräulein Nordeck, die Herren Zimmermann, Tomaschek und Gerhäuser, die Kapellmeister Alexander von Fielitz und Jäger waren unter Erdmann-Jeßnitzers Leitung in der Oper des Lübecker Stadttheaters tätig. Trotzdem aber Erdmann-Jeßnitzer mit außerordentlichen Anstrengungen die Lübecker Oper zu einer so bedeutenden Höhe emporbrachte, verwandte der arbeitsame Direktor dieselbe Pflege auf das Schauspiel, in der in den Jahren seiner Direktion fortdauernd in Lübeck ein vorzügliches Ensemble tätig war, das gute Klassikeraufführungen und die bedeutendsten Neuheiten herausbrachte. Vielleicht hätte Erdmann-Jeßnitzer die Leitung des Lübecker Stadttheaters nicht so lange behalten, da er fortgesetzt mit der Teilnahmlosigkeit des Lübecker Publikums zu kämpfen hatte, wenn er nicht durch die Lübecker Dichterin Ida Boy-Ed in den langen Jahren seiner anstrengenden und nicht immer dankbaren Tätigkeit eine so tatkräftige und aufopfernde Unterstützung gefunden hätte. Ida Boy-Eds Name ist mit der Glanzzeit des Lübecker Stadttheaters für alle Zeiten verknüpft. Sie schrieb in jenen Jahren die Theaterkritik für die Lübecker Eisenbahnzeitung; sie war nicht nur eine Kritikerin, die Zensuren austeilte, alles besser wissen wollte und sich in Referaten erschöpfte, sondern sie half und förderte, griff selbst mit ein, wo es nötig war. Aus ihren Kritiken spricht nicht nur eine leidenschaftliche Liebe zum Theater, Unabhängigkeit und ein freudiges und gütereiches Wohlwollen, sondern auch eine durchgebildete Kenntnis des Metiers. Die Folge war,

daß Sänger und Schauspieler auf ihre Worte wirklich
achteten und in ihr eine kluge Schützerin und wohl-
wollende Förderin sahen. Die Lübecker bezeugten dieser
bedeutenden Frau für ihre reichen Verdienste um ihre
Vaterstadt dadurch ihren Dank, daß sie von ihr, die
sich schon in den achtiger und neunziger Jahren unter
den deutschen Dichterinnen der Gegenwart einen ersten
Platz errungen hatte, nicht die geringste Notiz nahmen.
Bis zum Jahre 1906 hat keine einzige Lübecker Zeitung
weder über die Werke noch über das Wirken dieser
Frau ein Wort gesprochen, vermutlich, weil der Neid
die Lübecker quälte, daß diese Frau und Dichterin seit
vielen Jahren die bedeutendsten europäischen Geister zu
ihren nächsten Freunden zählte, dessen sich sonst kein
Bürger der Stadt rühmen durfte.

Aber Frau Ida Boy-Ed steht in dieser Beziehung
nicht allein da. Die meisten Künstler, die aus Lübeck
hervorgegangen sind, sind in Lübeck unbekannt. Der
Lokalpatriotismus der Lübecker, der sich in anderer Hin-
sicht in oft schönen und oft übertriebenen Formen äußert,
ist zu eng, um auf diejenigen Lübecker stolz zu sein, die
außerhalb Lübecks die Kultur des deutschen Volkes
wahren und mehren helfen, obwohl die Lübecker Veranlassung hätten, auf manche ihrer Söhne und Töchter
draußen im deutschen Reiche stolz zu sein und ihnen
ihre Anerkennung in irgend einer Form auszusprechen.
Die Zahl der aus Lübeck hervorgegangenen Künstler
ist nicht gering.

Unter den dichtenden Frauen steht Ida Boy-Ed
an erster Stelle, die am 17. April 1852 in Lübeck geboren wurde und abgesehen von vielfachen und ausgedehnten Reisen ihrer Vaterstadt immer treu geblieben

ist. Ihr künstlerisches Talent ist aus einem echten und starken Frauenempfinden herausgewachsen. In der stolzen Reihe von Novellen und Romanen, die sie im Laufe von 25 Jahren schrieb, hat sie kluge Menschenkenntnis, tiefe Lebensweisheit, eine reich quellende Phantasie und eine solide und schön geschliffene Sprachkunst bewiesen; zuweilen leuchtet zwischen den Zeilen ihrer fließenden Erzählungen ein gesunder Humor oder ein ironischer Witz auf. Ihre Tapferkeit, der Heimat treu zu bleiben, ihr Wille, den Lübeckern durch ihre eigene Lebensführung Achtung vor dem Künstlerberufe zu lehren, ist jetzt reichlich belohnt worden. Die Verehrung und dankbare Bewunderung, die die frühere Generation ihr versagte, hat die jetzige Generation in schönen Formen nachgeholt. Heute sind alle Lübecker stolz auf ihre Dichterin.

Eine andere Frau, Amalie Ewers, hat in ihrem Roman „Auch ein Franzose" ein packendes Kulturbild der Zeit entworfen, in der Lübeck unter der französischen Fremdherrschaft litt; eine glühende Heimatliebe und eine geschickte Erzählungskunst machen diesen Zeitroman zu einem glänzenden kulturgeschichtlichen Dokument für Lübeck. Die verstorbene Emma Escherich hat in einigen feinen Büchern eine schöne und edle Frauenseele bewiesen, deren Art zu erzählen den Durchschnitt seichter Unterhaltungslektüre weit überragt. Fanny Gräfin von Reventlow, die in Lübeck erzogen wurde, hat nur das eine bedeutende Buch „Ellen Olestjerne, eine Lebensgeschichte" geschrieben; sie hat sich aber außerdem als Übersetzerin neuerer französischer Romane einen geachteten Namen gemacht. Endlich ist noch die Schriftstellerin Anna Sommer zu nennen, deren Talent ebenfalls höheren Zielen zustrebt, das bis jetzt in kürzeren Erzählungen das beste geleistet hat.

Unter den neueren Schriftstellern nimmt der leider so jung verstorbene Gustav Kuehl einen ersten Platz ein, eine groß angelegte Natur von universeller Geistesbildung, dessen geistige Amplitüde etwas goethisches hatte. Er hat als Theologe begonnen, hat zarte, feine Gedichte erfunden, ein köstliches Buch über Mörike und eine Monographie über Dehmel geschrieben und wurde dann, nachdem er schon viele kluge Bemerkungen über die Geschichte und Ästhetik der Schrift und der Buchkunst geschrieben hatte, von Direktor Jessen an das Berliner Kunstgewerbemuseum berufen. Er starb, als er sich, 33jährig, vermählen wollte. Auch der in Hamburg lebende Lyriker Gustav Falke ist ein Lübecker; seine Vaterstadt kennt ihn kaum. Und doch ist anzunehmen, daß manche seiner duftigen Verse die Gegenwart überdauern und bleiben werden; denn auch er steht als Liederdichter über dem Durchschnitt in der Mitte zwischen Liliencron und Dehmel. Ludwig Evers, der als Journalist in Königsberg lebt, hat sich durch zwei Novellenbände einen Namen gemacht, Ferdinand Grautoff durch das berühmte politische Zeitbild „Seestern 1906". Die stärksten und reichsten Begabungen, die in den letzten Jahrzehnten aus Lübeck hervorgingen, sind die beiden Söhne des Senators Mann, Thomas und Heinrich Mann. Thomas Mann, der heute vom deutschen Volk zu den größten Dichtern der Gegenwart gerechnet wird, hat durch seine Buddenbrooks seinem Namen einen hellen Klang verschafft; er ist weiter der Dichter des Novellenbandes „Tristan" und des Dramas „Fiorenza". Auch Heinrich Mann hat sich in der deutschen Literatur durch eine Reihe glänzender Romane und Novellen einen sehr geachteten Namen erworben; daneben ist er einer der vorzüglichsten Kenner der romanischen Literaturen, wie er durch viele Übersetzungen und sehr bedeutende Abhandlungen mehrfach gezeigt hat. Sogar einen Anarchisten hat Lübeck hervorgebracht: Erich Mühsam, dessen wilder Haarwuchs aber bis jetzt gefährlicher ist als seine Bomben. Mühsam ist zurzeit „Edelanarchist" und Lyriker und wird sich gewiß mit der Zeit zum nationalliberalen Lustspieldichter entwickeln.

Unter den Musikern der Gegenwart haben sich vor allem Carl Heinrich Grammann und Andreas Hofmeier über Lübecks Grenzen hinaus einen Namen gemacht. Der einzige Kunsthistoriker, der aus Lübeck hervorgegangen ist, Dr. Wilhelm Behncke, nahm lange Jahre hindurch am Kunstgewerbemuseum in Berlin eine geachtete Stellung ein. In der Heimat wurde man auf diesen jungen Lübecker nicht aufmerksam, Lübeck berief ihn nicht in die Heimat zurück, um durch ihn das Lübecker Museum auf ein höheres Niveau heben zu lassen.

Unter den Architekten, die aus Lübeck hervorgingen, sind besonders zu nennen Max Aschenfeldt, der das Münchner Prinzregententheater mit erbaute, der Regierungsrat Erich Blunck, der in der preußischen Denkmalspflege mitarbeitet, der Regierungsbaumeister Max Grube in Berlin und die in Lübeck wirkenden Architekten Bräck und Störmer, Hahn und Runge, Schöß und Redelstorff. Von der im Kunstgewerbe tätigen Maria von Broken, die in Berlin ein bedeutendes Wirkungsfeld gefunden hat, weiß man in Lübeck auch leider nur wenig; und doch verdiente sie, daß auch

einmal ein Lübecker sie für sein Haus um eine Inneneinrichtung bäte.

Am unbekanntesten sind in Lübeck die bildenden
Künstler, die aus Lübeck hervorgegangen sind. Es besteht eine Kunstschule in Lübeck, die ihre Aufgabe nur
darin erblickt, Dilettanten eine Unterkunft zu bieten
und innerhalb ihrer Grenzen auszubilden. Die einzige
Künstlerin, die aus dieser Kunstschule hervorgegangen
ist, verdankt nicht dieser Schule, sondern ihrem späteren Lehrer, Wilhelm Trübner, die Ausbildung ihrer
starken Begabung. Ida Goertz hat sich durch ihre zähe
Energie und durch das instinktive Erfassen der Haupt-
begriffe der Malerei über den Durchschnitt der malenden Damen emporgearbeitet. Sie steht zwar immer
noch unter dem Einfluß ihres großen Meisters; aber
sie hat sich ihre Persönlichkeit nicht erdrücken lassen;
jedes ihrer Bilder zeigt eine eigene Note von echtem,
weichem Frauencharakter. Ein kleineres, aber sehr liebenswürdiges Talent ist die Radiererin Nita Spielhaus, die
sich in der Schwarz-Weiß-Kunst um ernste Ziele redlich
müht. Ernstes und hohes Streben ist auch bei der am
7. Mai 1903 verstorbenen Malerin Elisabeth Reuter
anzuerkennen; die arbeitsame Künstlerin hat redlich mit
ihrem Pfunde gewuchert. Viele ihrer Bilder beweisen
erfreuliche malerische Qualitäten; größeren Aufgaben
gegenüber ist sie leider über einen vedutenhaft-alt-
modischen Charakter nicht hinausgekommen. Die bedeutendste Malerin, die in den letzten Jahrzehnten aus
Lübeck hervorgegangen ist, ist Frau Marie Ackermann-
Slavona, Tochter des Gerichtschemikers Schorer, die
ihre Ausbildung unter Stauffer-Bern begann, dann bei
Herterich in München studierte und endlich in Paris

den Boden fand, auf dem ihr schönes Talent Früchte tragen konnte. Maria Slavona hat während ihres 15jährigen Aufenthaltes in Paris aus den Stilelementen der französischen Impressionisten für sich wertvollen Nutzen gezogen. Eins ihrer Lübecker Motive erwarb das Musée du Luxembourg in Paris, ein anderes das Museum in Kiel; viele andere Bilder von ihr befinden sich in deutschem und französischem Privatbesitz. Man begegnet Bildern von ihr auf fast allen internationalen Ausstellungen. Am reifsten, scheint mir, hat diese fein und zart empfindende Frau sich in den Bildnissen ihres Töchterchens ausgesprochen.

Neben diesen malenden Frauen sind auch eine Reihe von Malern aus Lübeck hervorgegangen. Der am 12. Oktober 1904 verstorbene Karl Rettich ist unter ihnen der älteste. Er wurde 1841 in Rosenhagen an der Travemünder Bucht geboren, studierte zuerst in München die Rechte, vertauschte aber bald diesen Beruf mit Pinsel und Palette. Adolf Lier, der die Kunst der Meister von Barbizon in verdünnter Form in München einführte, wurde sein erster Lehrer. Damals zeigte Rettich bedeutende Ansätze, die in Paris sich gewiß bedeutend entwickelt haben würden; er ging aber nach Düsseldorf und Dresden, und von dort nach Weimar, wo er von 1870 bis 1883 gelebt hat. Noch während seiner Weimarer Studienjahre rühmen seine Zeitgenossen seine Beweglichkeit, sein hohes und ernstes Streben; aber die Jahre machten ihn frühe müde, und der lange Aufenthalt in dem eingezogenen Weimar brach die Flugkraft seines Geistes; er wurde stiller und enger; sein Talent löschte langsam dahin. Die letzten Jahre, die er in Lübeck verlebte, zeigen ihn als ein kleines, bescheidenes Talent, das allzusehr am

Motiv klebte und über die Konventionen des Durchschnitts nicht mehr hinauskonnte. Das Lübecker Museum besitzt einige Bilder und Handzeichnungen seiner Hand. Anders hat Gotthard Kühl sich entwickelt, der heute als Mitglied der bedeutendsten Künstlervereine einer der Führer des Dresdner Kunstlebens ist. Kühl wurde am 28. November 1850 in Lübeck geboren, studierte in München unter Wilhelm von Diez und in Paris hauptsächlich unter Fortuny. Nach seiner Pariser Studienzeit kehrte er wieder nach München zurück, war einer der Mitbegründer der Münchner Sezession und folgte dann einem Rufe als Professor an die Dresdner Kunstakademie. Die Galerien in Berlin, Dresden, München und Lübeck besitzen Bilder seiner Hand. Er hat sich um Lübeck besonders dadurch verdient gemacht, daß er jahrelang für seine Bilder Lübecker Motive wählte. Dielen, Höfe, Kircheninterieurs, das Waisenhaus, das Altmännerhaus sind mehrfach von ihm gemalt und Lübecks Schönheiten dadurch in aller Welt populär geworden; seine Bilder zeichnen sich durch eine schöne Farbenkomposition, einen gewählten Geschmack und virtuosen Vortrag aus. Ein bescheideneres Talent ist der am 29. November 1849 in Lübeck geborene Maler Johann Victor Carstens, der unter Pauwels in Weimar studierte und seit seiner Studienzeit in München lebt. Sein liebenswürdiges Talent hat sich niemals über den Durchschnitt der Münchner Malerei erhoben. Das Lübecker Museum besitzt einige Bilder seiner Hand. Bedeutender sind die beiden Brüder des Kunstsammlers Dr. Linde, Hermann Linde-Walther und Hermann Linde, von denen der erstere das stärkere Talent ist. Hermann Linde wurde am 26. August 1863 in Lübeck geboren, studierte in

Dresden und Weimar, unternahm 1889 eine Orientreise und hat das Volksleben des Orients in vielen Bildern geschildert; in den letzten Jahren, seitdem er sich dauernd in Etenhausen bei München niedergelassen hat, malt er Motive aus dem Dachauer Moos. Er hat aber auch im Porträt seine Kraft bewiesen, und neuerdings malt er Bilder aus Alt-Lübeck und Lübecks Umgebung. Auch sein jüngerer Bruder H. E. Linde-Walther hat verschiedentlich Motive aus Lübeck und Lübecks Umgegend gemalt und sich durch seine schöne, farbige Kompositionsgabe, durch seine leuchtenden Farben und durch seine feinen und gemütreichen Beobachtungen der Atmosphäre in den Kreisen der Berliner Sezession einen bedeutenden Namen gemacht. Auch der am 22. Dezember 1860 geborene Radierer Hugo Struck ist ein Lübecker; seinen Radierungen nach Hals und Menzel dankt er vornehmlich seinen Ruf. Eine ganz eigenartige Stellung im deutschen Kunstleben hat sich ein anderer Lübecker, Hugo Höppener, errungen, der seit seiner Studienzeit unter Dieffenbach den Künstlernamen Fidus trägt und unter diesem Namen sich in Deutschland eine große und treue Gemeinde geschaffen hat. Dieser Künstler ist einer der schönsten und glücklichsten Charaktere, die Lübeck in letzter Zeit hervorgebracht hat. Man übersieht bei seinem sympathischen Talente gern, daß er zuweilen die Malerei in Bahnen leiten möchte, die über die Möglichkeiten der Malerei hinausgehen. Dieser liebenswürdige, gütereiche und humorfrische Künstler erfindet hochgespannte Phantasien, die wie schöne Märchen unsere Seele beglücken. Er ist einer der begabtesten deutschen Zeichner, die die Linie sinnlich beleben und mit der Linie seelische Werte auszudrücken sich mühen. Fidus ist einer der Hauptmitarbeiter der Münchner Jugend, hat viele Plakate und Exlibris geschaffen und viele neue Bücher mit schönen Zeichnungen geziert. In zwei großen Prachtwerken: Fidus-Werk, Naturkinder und Tänze hat er seine Phantasien, sein Wollen und sein Wünschen zusammengefaßt. Seit einem Jahre besitzt das Lübecker Museum einige Zeichnungen seiner Hand. Drei Bildhauer hat Lübeck in neuester Zeit hervorgebracht; unter ihnen ist der in München lebende Fritz Behn, einer der begabtesten Schüler Adolf Hildebrands, der bedeutendste. Wenn Fritz Behn seine Vaterstadt gänzlich verleugnen oder vergessen würde oder er wenigstens die Mißachtung vergessen würde, die seine Vaterstadt ihm entgegenbringt, könnte man ihn eine jener glücklichen Naturen heißen, deren Leben ohne eine trübe Wolke unter dauerndem Sonnenschein glänzend dahinläuft. Schon nach wenigen Studienjahren in München hat er ruhmreiche Erfolge erzielt. Aus Hamburg, München und anderen Städten erhielt er bedeutende Aufträge. Seine siegesverwöhnte Künstlerlaune eroberte sich im Sturm das goldene Herz der Münchner, und frühe schon bildete er in München ein gesellschaftliches Zentrum, in dem froher Übermut und Künstlersinn regierten. Behn ist ein sehr geschickter Bildhauer, der auf den Schultern Hildebrands emporgewachsen ist; er verbindet mit einem Sinn für Monumentalität einen schönen, dekorativen Geschmack und beherrscht virtuos sein Metier. Als in Lübeck ein Kaiser Wilhelm-Denkmal errichtet werden sollte, überging die Stadt diesen Künstler der Heimat nicht nur, sondern brüskierte ihn sogar noch unnötigerweise, wozu man ein Recht zu haben glaubte, weil Fritz Behn damals noch nicht 30 Jahre alt und weder als Professor noch mit sonst einem schönen Titel ausgezeichnet war. Im vergangenen Jahre aber hat ein kunstsinniger Bürger für das Johanneum einen Brunnen gestiftet, den Fritz Behn geschaffen hat. Der Brunnen ist mit vielem Geschmack glänzend aufgebaut und wird durch die Figur des Johannes des Täufers, die aus quatrocentistischem Formempfinden herausgewachsen ist, bekrönt. Ein sehr achtungswertes Talent ist der Berliner Bildhauer Heinrich Joachim Pagels, der in Berlin studierte und sich an den Berliner akademischen Stil angeschlossen hat. Aber er ist keineswegs trocken, sondern seine Skulpturen zeugen von einem lebendigen Temperament und frischer und beseelter Auffassung; seit dem Jahre 1907 ist er in der Berliner Nationalgalerie vertreten. Der jüngste Bildhauer Lübecks, Hans Schwegerle, ist noch zu sehr im Werden begriffen, als daß sich über ihn irgend ein abschließendes Urteil ermöglichte. Eine männliche Aktfigur, die das Lübecker Museum besitzt, zeigt ernstes Streben und den Willen zu persönlicher Entwicklung. Schwegerle ist auch als Zeichner für die Jugend tätig und hat im Dezember 1907 die Aufführung von Thomas Manns Fiorenza im Münchner Residenztheater inszeniert.

Die wenigsten Künstler, die ich hier aufzählte, sind dem Lübecker Publikum bekannt; und die Lübecker Kunsthändler bemühen sich nicht, sie in der Heimat und den Bürgern der Stadt bekannt zu machen. Während in der ganzen Welt sich die Kunsthändler um die Künstler bemühen, warten in Lübeck die Kunsthändler, bis die Künstler zu ihnen kommen; allein nur Dilettanten bitten die Kunsthändler um Förderung. Da ferner keine Autorität von europäischer Bildung von persönlichem Geschmack und fester Kraft die Kunstpflege der Stadt in Händen hat, so konnte sich das Kunstleben der Stadt nicht auf ein erfreulicheres Niveau erheben. Mit dem Grafen Baudissin sage ich daher: „Und somit: ‚Weih up! Weih up! Lübeck!' Wirf den Zopf in die Trave, — oder wenn du fürchtest, daß er die Schiffahrt hemmen wird, wirf ihn ins Meer. Es mag schön sein, in geschnitzelten Armstühlen von der alten Herrlichkeit zu träumen; es ist aber vernünftiger, sie zu restaurieren und mit einer neuen Herrlichkeit zu umgeben."

Dennoch hat sich seit dem Anfang des 20. Jahrhunderts in Lübeck manches geändert, und ein frischer Zug verheißt nicht nur dem Kunstleben Lübecks, sondern dem gesamten Kulturleben der Stadt einen neuen, bedeutenden Aufschwung. In der Malerei und Plastik hat sich wenig gebessert; aber das Verständnis für Architektur hat sich gewaltig gewandelt, und schon heute hat diese Wandlung in Neubauten Ausdruck gefunden, die bedeutend genannt zu werden verdienen. Es ist ein erfreuliches Zeichen, die für die Gesundheit der jungen Bewegung spricht, daß sie in der Architektur eingesetzt hat. Und noch erfreulicher ist es, daß das staatliche Bauamt Lübecks im Gegensatz zu den Bauämtern anderer Staaten diese Bewegung einleitete. Das neue Realgymnasium, Johanneum genannt, die Ernestinen-Töchterschule, die St. Jürgen-Volksschule sind Musterschulbauten, wie sie im nördlichsten Deutschland ganz einzig dastehen. Diese Gebäude sind sowohl in der Außenarchitektur wie auch im inneren Ausbau und ihrer glänzenden Inneneinrichtung berufen, vorbildlich zu wirken. Der Neubau des Lübecker Stadttheaters weiter, den der Dresdner Architekt Professor Martin Dülfer leitet und den der Münchner Bildhauer Alexander Römer mit Skulpturen schmücken wird, verspricht ebenfalls bedeutend zu werden, und der neue Bahnhof, dessen Zufahrt zur Stadt leider durch häßliche Mietshäuser verbaut worden ist, wird jetzt auch dem Fremden, der die Stadt zum ersten Male betritt, einen bedeutenden Eindruck von Lübecks Verkehr geben.

Die architektonischen Anregungen, die das Lübecker Stadtbauamt in öffentlichen Gebäuden gab, haben Lübecker Privatarchitekten weitergesponnen und fortgesetzt. Schöß und Rebelstorff, Hahn und Runge, Breeck und Störmer haben im Laufe der letzten Jahre für Senatoren und Patrizier eine Anzahl Villen und zu Spekulationszwecken einige Mietshäuser gebaut, in denen sie zum großen Teil auf das Lübecker Barock zurückgreifen, die Stilelemente des norddeutschen Barock den modernen Bedürfnissen der Hygiene und Technik anpassen und auf diesem gesunden Wege zu einem Häuserstil gelangen, der sich geschmackvoll in das vorhandene Stadtbild einfügt. Es ist besonders zu preisen, daß einheimische, jüngere Architekten in neuerer Zeit aus der alten Lübecker Tradition heraus einen neuen Gebäudestil herauszuentwickeln bestrebt sind, und es wäre wünschenswert, daß die Lübecker sich von diesen Baumeistern führen lassen und sich nicht weiterhin an auswärtige berühmtere Architekten wenden, die auch in neuerer Zeit in Lübeck noch manches unerfreuliche geleistet haben. Die beiden Lübecker Warenhäuser wirken als matte Kopieen des Wertheimschen Baues in Ber-

Lübecker Kultur und Kunst im 19. Jahrhundert

lin wie häßliche Fremdkörper im Stadtbild; es wäre leicht möglich gewesen, aus der Lübecker Gotik oder Renaissance eine Architekturform herauszuentwickeln, wie die Münchner Warenhäuser aus dem Münchner Barock herausentwickelt worden sind und sich infolgedessen sehr glücklich dem Münchner Stadtbilde einfügen. Dem großen Aufschwung, den die Architektur in Lübeck genommen hat, folgt das Kunstgewerbe. Die genannten Lübecker Architekten suchen Lübecker Tischler, Glaser, Kunstschmiede und Töpfer für ihre neuen Ideen zu interessieren, die ihrerseits die verloren gegangene Tradition wieder aufzunehmen sich mühen. Auf allen Linien zeigen sich höchst erfreuliche Ansätze, und wenn die Bewegung weiter so rasche Fortschritte macht, werden wir es vielleicht noch erleben, daß Lübeck wieder eine Kunststadt wird, eine Stätte, in der alle Künste, miteinander wetteifernd, freisinnige Pflege und Förderung genießen. Wenn die neue Lübecker Architektur und das neue Lübecker Kunstgewerbe erst noch breitere Kreise gewonnen haben werden, kann man hoffen, daß die Zeit nicht mehr ferne sein wird, in der die Lübecker auch ein klareres und intimeres Verhältnis zur Malerei wiedergewinnen. Dann wird die Stunde auch gekommen sein, in der die Lübecker den Wert und die Bedeutung ihres Mitbürgers Dr. Linde erkennen, dessen Kunstsammlung heute als die einzig bedeutende Kunstsammlung eines Lübeckers in Berlin und Paris besser bekannt ist als in Lübeck selbst. Dr. Linde besitzt die größte Privatsammlung Rodinscher Skulpturen auf dem Kontinent, eine schöne Gemäldesammlung, in der die großen Meister der französischen Malerei und der Norweger Edward Munch mit bedeutenden Werken vertreten sind; Linde hat durch seine Sammlung den Namen der Stadt Lübeck als der Stätte eines europäisch gebildeten Mäcens in der ganzen europäischen Kunstwelt bekannt gemacht. Die Stadt Lübeck wird dereinst diesem feinsinnigen Amateur die gebührende Dankbarkeit und Hochachtung erweisen, wenn sie auch heute noch nicht das nötige Interesse und die erforderliche Hochachtung für Linde aufbringt. Aber das Kunstverständnis hebt sich und die Kunstliebe erwacht in Lübeck. Und gleichzeitig mit dem Kunstverständnis hat sich das gesamte Kulturleben der Stadt zu wandeln begonnen. Der Lebensdrang, der so lange verfehmte und zurückgedämmte, zersprengte die Zwangsjacke, in der der pharisäische Geist der Moralisten ihn schon ertötet zu haben hoffte, und suchte wieder nach Schönheiten, um das Leben der Menschen zu veredeln und zu vergolden. Die Herrschaft der orthodox-protestantischen Reaktion ist gebrochen; und die heutigen Vertreter der protestantischen Kirche denken freisinniger als sonst irgendwo im Reiche. Manche geistreiche Köpfe haben sich durch ein tieferes Studium Luthers zu einer Auffassung ihres Seelsorgeramtes durchgerungen, die freier und edler ist als der kurzsichtige Dogmatismus früherer Zeiten. Auch das Haupt der Lübecker Geistlichkeit schwenkte zum Freisinn über, als er sah, daß die Reaktion an Boden verlor und er seine Machtstellung in dem bisherigen Umfang nur behaupten konnte, wenn er selbst zum Freisinn übertrat. Diese kluge Schwenkung des Vorsitzenden im geistlichen Ministerium diente der Sache des Kultus ebenso wie dem Wohle der ganzen Stadt; und es ist ein Verdienst dieses Mannes, daß er den Freisinn jetzt ebenso überzeugungsfest fördert wie in früheren Zeiten die Reaktion. Die

Bildungsbestrebungen können sich jetzt ungehindert entfalten. Die Lübecker streben nach einem Anschluß an das geistige Leben der Nation. Die Gesellschaft zur Förderung gemeinnütziger Tätigkeit frischt sich auf. Es werden Vortragsabende von neueren Gelehrten über zeitgemäße Fragen veranstaltet. Die Abteilungen des Lübecker Museums für Völkerkunde und Naturgeschichte, um die Professor Lenz sich viele Jahre lang aufopfernde Verdienste erworben hat, werden immer weiter ausgebaut, und durch Tatkraft, kluge Leitung und Stiftungen Lübecker Bürger auf eine bedeutende Höhe gebracht. Neue literarische Vereine werden gegründet, die sich durch Konkurrenz untereinander gegenseitig zu überbieten suchen. Allerdings vermißt man oft in der Anordnung dieser Vorträge eine organisatorische Hand, die den Dilettantismus fern halten und ein Programm durchsetzen könnte. Aber immerhin, den Bürgern und zuziehenden Fremden wird etwas geboten.

Lübeck ist in den letzten Jahren rasch emporgeblüht; und man kann damit rechnen, daß die Industrie noch mehr neue Elemente der Stadt zuführen und das Leben der Stadt schneller pulsieren machen wird. Sie wird die letzten altmodischen Verhältnisse, den Rest der alten patriarchalischen Systeme hinwegfegen, der Stadt den ersehnten Reichtum bringen und dadurch den Bürgern die Möglichkeit geben, aus Lübeck wieder eine Kunststadt zu machen, die es in seiner ersten Glanzzeit war. An die Lübecker Unterrichtsanstalten sind in den letzten Jahren viele bedeutende und geistreiche Pädagogen berufen worden, Männer, die im Zusammenhang mit dem geistigen Leben ihrer Nation stehen, die zum Teil selbst literarisch tätig sind und deren neue und frische Unter-

Lübecker Kultur und Kunst im 19. Jahrhundert

richtsmethoden der Jugend der Stadt zum Heile gereichen.

Wenn diese Jugend herangereift sein wird, besteht voraussichtlich eine Akademie des Freistaates, deren Mitglieder alle Männer und Frauen sind, die zum Wohle oder zum Ruhme der Stadt innerhalb der Mauern oder draußen im Deutschen Reiche die Ehre und das Ansehen Lübecks haben mehren helfen. Und eine neue Kunsthalle wird errichtet sein, in der man die Lübecker Künstler mit ihren Hauptwerken finden wird und die Bildnisse der bedeutendsten Bürgermeister, Senatoren, Kaufleute, Maler und Dichter.

Die Zeiten des Niedergangs scheinen endgültig vorüber. Überall grünt es und blüht es aus den Ruinen. Einen der geistvollsten und weitsichtigsten Männer der Stadt hat Lübeck sich jetzt zum Bürgermeister gewählt, und der Senat hat den Mut gefunden, sich durch eine jugendliche Kraft aufzufrischen. Das Morgenrot einer neuen Zeit steigt herauf. Wenn die Sonne im Zenit stehen, wenn die Kultur des neuen deutschen Reiches stark, geschlossen und in sich gefestigt sein wird, dann muß die Ernte reich und köstlich sein. Dafür bürgt die ernste, arbeitsame und charaktervolle Natur der Bürger. Dann werden die Lübecker mit Stolz auf ihre Unabhängigkeit weisen dürfen und sagen: Aus eigener Kraft haben wir diese Ernte hervorgebracht. Durch manches trübe Schicksal hindurch, durch manche schlimmen Irrtümer hindurch haben wir durch unserer eigenen Hände Fleiß, durch unsern zähen Unternehmungsgeist und durch unser freisinniges Streben Lübeck, unsere Stadt, frei erhalten und groß und schön gemacht.

Die wichtigste Literatur zur Lübecker Geschichte, Kunst und Kultur.

Ackermann, W. A., Der Porträtmaler Sir Godfrey Kniller. 1845.
Die Bau- und Kunstdenkmäler der Freien und Hansestadt Lübeck, herausgegeben von der Baudeputation. Band II: Petrikirche, Marienkirche, Heilig-Geist-Hospital. Bearbeitet von Bruns, Hirsch und Schaumann, Lübeck 1906.
Baudissin, Graf, Adalbert, Schleswig-Holstein meerumschlungen, 310—326. Lübeck 1865.
Becker, Johann Rudolph, Umständliche Geschichte der freyen Stadt Lübeck. 1782.
Brehmer, Wilhelm, Das häusliche Leben in Lübeck.
Deecke, Lübische Geschichten und Sagen. 1852.
Deecke, Geschichte der Stadt Lübeck. 1843.
Detmar, Chronik des Franziskaner-Lesemeisters Detmar nach der Urschrift herausgegeben von Professor Dr. Ferdinand Grautoff. 1829.
Gaedertz, Carl Theodor, Johann Kemmer. 1903.
Geibel, Emanuel, Gesammelte Werke.
Goedeke Karl, Emanuel Geibel. 1869.
Goldschmidt, Adolf, Lübecker Malerei und Plastik bis zum Jahre 1530. 1890.
Grautoff, Ferdinand, Historische Schriften. 1836.
Grautoff, Otto, Wilhelm Cordes. 1901.
Hach, Theodor, Der Dom zu Lübeck. 1885.
Hach, Theodor, Die Anfänge der Renaissance. 1889.
Hasse, Paul, Burchard Wolff. 1898.
Hasse, Paul, Aus der Geschichte der Lübecker Malerei von 1500 bis 1900.

Literaturverzeichnis

Hoffmann, Max, Geschichte der Stadt Lübeck. 1889.
Hoffmann, Max, Chronik der Stadt Lübeck. 1907.
Holm, Adolf, Lübeck. 1902.
Immerthal, Carl, Die astronomische Uhr in der Marienkirche. 1861.
Das Museum zu Lübeck. 1800—1900. Festschrift.
Lütgendorff-Leimburg, F. von, Die Werke lübeckischer Maler in der Gemäldesammlung des Museums zu Lübeck. 1900.
Petersen, Ausführliche Geschichte der lübeckischen Kirchenreformation in den Jahren 1529 bis 1531. 1830.
Röse, Ferdinand, Der neue Eulenspiegel oder Deutschland vor hundert Jahren. 1849.
Schumann, Paul, Volks- und Kinderreime. 1902.
Schumann, Paul, Lübecker Spiegel- und Rätselbuch. 1904.
Steinhausen, Georg, Geschichte der deutschen Kultur. 1904.
Stiehl, Carl, Musikgeschichte der Stadt Lübeck. 1891.
Stiehl, Carl, Geschichte des Theaters in Lübeck. 1902.
Urkundenbuch der Stadt Lübeck.
Walther, C., Lübecker Fastnachtsspiele. 1880.
Wehrmann, C., Die Titel der Lübecker Fastnachtsspiele. 1880.
— Überblick über die Geschichte Lübecks in der Festschrift für die 67. Versammlung deutscher Naturforscher und Ärzte. 1895.
Waitz, Georg, Lübeck unter Jürgen Wullenwever. 1855/56.
Zietz, H. C., Ansichten von Lübeck und seinen Umgebungen. 1822.
Woermann, Karl, Geschichte der Kunst. 1900 ff.
Lübeckische Blätter.
Vaterstädtische Blätter.
Jahresberichte des Vereins für Kunstfreunde.
Mitteilungen des Vereins für lübeckische Geschichte und Altertumskunde.
Zeitschrift der Vereins für lübeckische Geschichte und Altertumskunde.
Mitteilungen des Vereins der Kunstfreunde.
Hansische Geschichtsblätter.
Jahrbuch des Vereins für niederdeutsche Sprachforschung.
Allgemeine deutsche Biographie.
Repertorium für Kunstwissenschaft.

Literaturverzeichnis

Nachschrift: Der Verfasser stützte sich hauptsächlich auf die wertvollen Vorarbeiten und wissenschaftlichen Vorstudien von Goldschmidt, Hach, Hoffmann, Stiehl, Walther und Wehrmann. Die Verfasser ist der Bibliothèque nationale in Paris, die eine wertvolle Sammlung Lubecensia besitzt, und der Stadtbibliothek in Lübeck für ihre freundliche Unterstützung während seiner Arbeit, auch mehreren Lübecker Bürgern für liebenswürdige Hinweise zu großem Danke verpflichtet; endlich gebührt auch den Lübecker Künstlern für ihre gütige Hilfe bei der Ausstattung und dem Kunstverlag Nöhring in Lübeck für sein Entgegenkommen ein verbindlicher Dank.

Von Otto Grautoff erschienen früher:

Das moderne Plakat. 1898

Die Entwicklung der modernen Buchkunst. 1901

Moritz von Schwind. 1904

Führer durch die Münchner Gemäldesammlungen. 1907

Exzentrische Liebes- und Künstlergeschichten. 1907

Rodin (Künstler-Monographien). 1908

Inhalt

	Seite
Die Geschichte der Stadt	1
Die Kultur und die Künste in Lübeck bis 1806	52
Lübecker Kultur und Kunst im 19. Jahrhundert	109
Die wichtigste Literatur zur Lübecker Geschichte, Kunst und Kultur	161

www.ingramcontent.com/pod-product-compliance
Lightning Source LLC
Chambersburg PA
CBHW020916230426

43666CB00008B/1474